Jan Jetter

Land in Sicht!

Die Leitbildentwicklung –
Ein Instrument der
Qualitätsentwicklung im Jugendverband

Jan Jetter

AGfJ in Hamburg e.V. (Hrsg.)

Land in Sicht!

Die Leitbildentwicklung - Ein Instrument der Qualitätsentwicklung im Jugendverband

Autor: Jan Jetter, Bildungsreferent der AGfJ
Mitarbeit: Sihuar Borstelmann, Marc Buttler, Christoph Hanssen und Klaus Jetter
Grafik und Layout: Sihuar Borstelmann und Christoph Hanssen
Dieses Buch wurde gefördert durch die Behörde für Soziales und Familie, Hamburg

Die Deutsche Bibliothek - CIP Einheitsaufnahme

Land in Sicht! Die Leitbildentwicklung - Ein Instrument der Qualitätsentwicklung im Jugendverband / Jan Jetter / Arbeitsgemeinschaft freier Jugendverbände in Hamburg e.V. (Hrsg.)
Books on Demand, 2005
ISBN 978-3-8334-4431-9

© **Copyright** 2005
Arbeitsgemeinschaft freier Jugendverbände in Hamburg e.V.,
Alfred-Wegener-Weg 3, D-20459 Hamburg

Herstellung und Verlag: Books on Demand GmbH, Norderstedt

Inhaltsverzeichnis

Wir erledigen das.

Alle `ran an Bord!
Einleitung

1. Alle ´ran an Bord! – Einleitung

Eines Morgens in dem Büro eines Dachverbandes von Jugendverbänden klingelt das Telefon: X, eine Aktive eines Jugendverbandes, ist am Apparat und bittet um ein Gespräch, da es aktuell Probleme im eigenen Verband gibt. Es wird ein Termin für den Nachmittag vereinbart.

In diesem Gespräch wird deutlich, worin das Problem des Verbandes liegt: Vielen Aktiven sind die Zielsetzungen des Verbandes unklar, keine/r weiß so richtig, wohin es gehen soll, Verantwortlichkeiten sind ungeklärt. Aktuell findet nämlich ein Generationenwechsel im Verband statt, viele von den Jüngeren können mit dem Selbstverständnis des Verbandes nicht mehr so viel anfangen, kennen es z.T. nicht und wissen gar nicht so genau, „wer wir eigentlich sind". Es gibt jedoch einen Stamm sehr aktiver und interessierter Ehrenamtlicher, die diese „Identitätskrise" im Verband anpacken wollen. Aus diesem wurde X beauftragt, im Dachverband um Rat zu fragen. Gemeinsam einigen sich X und Teamer/innen aus dem Büro darauf, ein gemeinsames Seminar zu organisieren, auf dem folgende Themen behandelt werden sollen:

- „Wer sind wir?" – Formulierung eines gemeinsamen Selbstverständnisses für den Verband auf Grundlage der bisherigen Erfahrungen und Zielsetzungen des Verbandes;

- Festlegung verbindlicher Verantwortlichkeiten, die sich für die Aktiven aus dem formulierten Selbstverständnis ergeben.

Das Seminar findet wenige Wochen später unter dem Motto „Leitbildentwicklung im Verband Y" statt und entpuppt sich trotz anfänglicher Vorbehalte als großer Erfolg. Alle Beteiligten des Seminars - die aktiven Gruppenleiter/innen, der Vorstand und weitere Ehrenamtliche - einigen sich nach intensiven Diskussionen auf ein gemeinsames Selbstverständnis in Form eines in Leitsätzen formulierten Leitbildes. Auf der Basis dieses gemeinsamen Verständnisses des Verbandes werden die Verantwortlichkeiten für die verschiedenen Themen- und Arbeitsbereiche des Verbandes diskutiert und verteilt. Es wird mit den Teamer/innen ein Termin vereinbart, um nach zwei Monaten gemeinsam zu reflektieren, ob die verschiedenen Absprachen auch wirklich auf den Weg gebracht wurden und ob sich die ursprüngliche Problemsituation im Verband wirklich verbessert hat...

So oder ähnlich könnte sich eine Situation abspielen, in der es aufgrund von verbandsspezifischen Problemen zu einer strategisch geplanten Leitbildentwicklung kommt, womit wir bei dem Thema dieses Buches sind: dem Leitbild von Jugendverbänden!

Für wen dieses Buch ist und warum es gemacht wurde

Dieses Buch soll ehren- und hauptamtliche Aktive aus den Jugendverbänden dazu ermuntern, sich mit dem Leitbild und dem Selbstverständnis des eigenen Verbandes auseinanderzusetzen und in diesem Zuge die Frage nach den Werten und Zielen im Verband immer wieder aufs Neue zu stellen. Es soll umfassend über die theoretischen Hintergründe informieren und zudem einen praktischen Bezug zur Jugendverbandsarbeit in Hamburg herstellen.

Möglicherweise gibt dieses Buch den Anstoß, sich einmal selbst mit dem eigenen Jugendverband auf den Weg zu machen, ein eigenes Leitbild (neu) zu formulieren. Ein sehr praxisnaher Leitfaden zur Entwicklung eines Leitbildes im fünften Kapitel soll hierzu einladen.

Kernaussage dieses Buches ist nämlich die Überzeugung, dass das Selbstverständnis oder das Leitbild eines jeden Jugendverbandes das größte „Kapital" ist, das diese besitzen: Mit dem Leitbild sind - grob umrissen - die Vorstellungen und Ideale gemeint, die in einem Jugendverband von den Mitgliedern und Aktiven angestrebt, umgesetzt und gelebt werden sollten. Alles das, was einen Verband so besonders und unverwechselbar macht, sollte sich in dem Leitbild eines Verbandes wiederfinden. Marianne Putzker spricht in diesem Zusammenhang sogar von der „Visitenkarte eures Verbandes" (LJR Niedersachsen, 2002, Seite 176).

Wenn dieses Buch dazu beiträgt, sich des verbandseigenen Selbstverständnisses ein wenig bewußter zu werden, hat es seinen Zweck erfüllt.

Wie dieses Buch aufgebaut ist

Im Anschluss an diese Einleitung wird im 1. Kapitel kurz der gesellschaftliche Hintergrund einer breit geführten Qualitätsdiskussion erläutert. In vielen Bereichen (nicht nur) der Jugend(verbands)arbeit wird seit geraumer Zeit eine Diskussion darüber geführt, inwieweit sich die Qualität der Arbeit sichern, entwickeln oder gar messen lässt. Ein kurzer Abriss erläutert den aktuellen Stand der Diskussion. Zudem wird erklärt, was genau unter einem Leitbild zu verstehen ist, inwiefern das Thema Leitbildentwicklung Teil der Qualitätsdiskussion ist und warum diesem Thema mit diesem Buch eine besondere Bedeutung zugemessen wird.

Für das 2. Kapitel sind drei Hamburger Jugendverbände zu ihren jeweiligen Leitbildern interviewt worden. Umfassend und spannend berichten sie, wie ihr Leitbild aussieht, wann es entstand, inwieweit es Einfluß auf die Qualität ihrer aktuellen Arbeit hat und ob das Leitbild bei der Lösung von

Konflikten helfen kann oder nicht.

In dem 3. Kapitel wird am Beispiel eines Hamburger Dachverbandes exemplarisch der Verlauf einer Leitbildentwicklung von der Idee, der Vorbereitung, der Durchführung bis hin zu den Auswirkungen skizziert. Ziel dieses Kapitels ist es, einen solchen Verlauf vorstellbar und transparent zu machen. Der theoretische Hintergrund einer Leitbildentwicklung und alle Bestandteile eines Leitbildes werden im 4. Kapitel anhand eines Konzeptes zur Entwicklung von Corporate Identity umfassend dargestellt. Zudem werden auch Fragen zur Geschichte der Leitbildentwicklung beantwortet.

Im 5. Kapitel schließlich soll ein detaillierter Fahrplan die praktische Umsetzung der Entwicklung eines Leitbildes skizzieren. Am Beispiel eines Wochenendseminars wird transparent und mit klarer Methodenbeschreibung aufgezeigt, wie es möglich ist, die Leitbildentwicklung auch im eigenen Verband umzusetzen.

Viel Spaß beim Lesen!

1.1. Die Qualitätsdiskussion

Qualitätssicherung, Qualitätsentwicklung, Qualitätsstandards etc. – die Diskussion um die Qualität in der Jugendarbeit ist seit geraumer Zeit auch in der Jugendverbandsszene nicht nur in Hamburg angekommen.

Durch den Druck knapper Kassen macht eine grundsätzlich sinnvolle Diskussion jedoch oftmals eine sehr unangenehme Wendung: Viele Träger und Einrichtungen der Jugendarbeit werden mit der Aufforderung konfrontiert, „ die Kriterien für die Qualität ihrer Arbeit anhand dieser Qualitätskriterien zu bewerten und genauere öffentliche Auskunft darüber zu geben, welche Effekte sie denn erreichen mit dem Geld, das ihnen aus öffentlicher Haushalten zur Verfügung gestellt wird" (Merchel, 1999, S.8).

Nicht ganz zu Unrecht kann von der Gefahr der Verbetriebswirtschaftlichung der Jugendverbandsarbeit gesprochen werden. Begriffe, die in der Qualitätsdebatte Hochkonjunktur haben, wie z.B. Neue Steuerungsmodelle, Controlling, Benchmarking, Budgetierung etc., thematisieren doch in erster Linie den finanziellen Rahmen und die Messbarkeit der erbrachten Leistung in der Jugendverbandsarbeit. So ist eine gewisse Vorsicht von Seiten der Betroffenen durchaus nachvollziehbar.

Trotz dieser berechtigten Kritik und einer nachvollziehbaren Vorsicht liegen die Chancen der Qualitätsdebatte auf der Hand:

Es ist gut und sinnvoll zu diskutieren, wie die Qualität in der Arbeit von Jugendverbänden weiter verbessert, qualifiziert und auch professionalisiert werden kann. Dies hilft den Aktiven, den Teilnehmenden, den Mitgliedern und dem gesamten Verband. Wichtig ist dabei, dass Qualitätsentwicklung an den Interessen und Bedürfnissen von Jugendlichen und deren Bereitschaft ansetzt, sich ehrenamtlich zu engagieren. Mit Hilfe von nachvollziehbaren und stark an der Praxis orientierten Methoden und am besten unter Anleitung sollte es die Aufgabe einer sinnvollen Qualitätsentwicklung sein, den Ist-Zustand der Verbandsarbeit systematisch zu erfassen, die Stärken und die Schwächen dieser Arbeit auszumachen, zu diskutieren und dann neu zu ordnen. Ein bewusst stattfindender Qualitätsentwicklungsprozess sollte Bewährtes und Positives erhalten, Überholtes erkennen und fallen lassen und neue Ideen und Impulse anregen, aufnehmen und weiterentwickeln.

In vielen Jugendverbänden passiert dies schon regelmäßig: es werden Fahrten, Lager, Seminare, Gruppenstunden etc. ausgewertet, kritisch reflektiert, dokumentiert und in langwierigen Prozessen verbessert. Wünschenswert wäre es, wenn dies genauso zum Verbandsalltag gehören würde wie die Planung von Aktionen und Fahrten.

Es gibt viele verschiedene Instrumente, die dabei helfen, die Arbeit und die Qualität dieser Arbeit im Jugendverband zu verbessern und zu entwickeln. Mittlerweile sind eine Reihe von Büchern zu diesem Thema erschienen, wovon insbesondere „Q – Das Handbuch zur Qualitätsentwicklung in der Jugendverbandsarbeit" des LJR Niedersachsen zu empfehlen ist, da es umfangreich den aktuellen Stand zusammenfasst.

Die Methoden der Selbstevaluation, der Dokumentation, der Bedarfsermittlung oder der kollegialen Beratung sind mögliche Instrumente der Qualitätssicherung – um nur einige zu nennen.

Ein weiteres, meines Erachtens wichtiges und auch sehr zentrales Instrument, um die Arbeit und die Qualität dieser im Jugendverband zu verbessern, ist die Entwicklung und Formulierung eines Leitbildes, wie im folgenden dargestellt werden soll.

1.2. Das Leitbild im Jugendverband

Alle Jugendliche und Kinder haben ganz spezifische Gründe, Mitglied in gerade ihrem Verband zu sein und gerade dort aktiv zu werden. Sei es, weil sie Sport machen, Theater spielen, politisch aktiv werden, für den Umweltschutz eintreten, gemeinsam mit anderen ihre Freizeit gestalten wollen, sei es, weil sie Lust auf Pfadfinderfahrten haben, im Zeltlager ihre Ferien verbringen wollen, den Jugendaustausch ganz besonders super finden oder weil sie Lust auf die gemeinsamen Gruppenstunden ihres Verbandes haben. Viele entscheiden sich bewusst für ihren Verband, da er am besten ihre Interessen vertritt und die Dinge anbietet, die sie interessieren. Andere landen eher zufällig bei ihrem Verband, weil sie eine bestimmte Aktion, ein Seminar oder ein bestimmter Jugendaustausch angesprochen hat.

Dennoch entscheiden sich die meisten für einen bestimmten Verband, weil sie davon überzeugt sind, die eigenen Vorstellungen, Wünsche und Ideen genau in diesem speziellen Verband umsetzen zu können, weil der Verband mit dem, wofür er steht, genau der richtige ist. Dieses unverkennbare Profil hat deutlich zu der Entscheidung beigetragen, sich in diesem Verband zu engagieren, aktiv zu werden, hier mitzumachen. Dieses nach außen sichtbare und im Gruppenalltag, auf der Freizeit, im Seminar erfahrbare Profil spielt eine zentrale Rolle in der Wahl des Jugendverbandes, in der Identifikation mit dem Verband und daraus resultierend oft auch in der Qualität der geleisteten Arbeit. Aus diesem Grund soll dies ein wenig näher untersucht werden.

Was alle Jugendverbände gemeinsam haben

Alle Jugendverbände in Deutschland haben gemeinsame Grundsätze und Grundprinzipien. Der LJR Berlin hat diese spezifischen Erkennungsmerkmale von Jugendverbänden als Qualitätsstandards verbandlicher Jugendarbeit herausgearbeitet, indem er diese Qualitätsstandards durch fünf Qualitätsmerkmale beschreibt:

Nachhaltigkeit:
Nachhaltige Kinder- und Jugendarbeit in den Jugendverbänden und anderen selbstbestimmten Jugendorganisationen nimmt die Förderung jedes jungen Menschen in seiner Entwicklung ernst, ist kein Strohfeuer, sondern ist auf Kontinuität ausgerichtet und trägt zum Erhalt und zur Weiterentwicklung einer demokratischen und solidarischen Zivilgesellschaft bei.

Mitbestimmung und Partizipation:
Jugendverbände leisten einen wichtigen Beitrag zur gesellschaftlichen und politischen Beteiligung junger Menschen. In der Gruppenarbeit machen viele Kinder und Jugendliche erste Erfahrungen von Mitbestimmung und Mitwirkung, fortgeführt wird dies durch Meinungsbildungsprozesse und Entscheidungsfindungen auf allen Ebenen des Jugendverbandes bis hin zur Übernahme von Leitungsfunktionen. Die Beteiligung von Kindern und Jugendlichen verbessert die Qualität politischer Entscheidungen in allen gesellschaftlichen Bereichen.

Selbstbestimmung:
Jugendverbände knüpfen an den Interessen von Jugendlichen an, Jugendliche bestimmen und gestalten Jugendarbeit mit, sie gestalten darüber hinaus Jugendarbeit gemeinschaftlich, sie organisieren und verantworten sie selber. Selbstbestimmung, Selbstorganisation und Interessenvertretung in den Jugendverbänden ist nur deswegen denkbar, weil sie auf den Prinzipien freiwilliger Teilnahme, demokratischer Strukturen und qualifizierter Ehrenamtlichkeit bauen können.

Ehrenamt:
Ehrenamtliches Engagement als ein wesentliches Merkmal der Jugendverbandsarbeit bedeutet, in seiner Freizeit Engagement, Spaß, persönlichen Gewinn und die Übernahme von Verantwortung miteinander zu verbinden und nicht, sich selbst aufzuopfern. Als Nachweis der Qualifizierung erhalten ehrenamtlich und andere kontinuierlich freiwillig Engagierte in der Kinder- und Jugendverbandsarbeit als amtlichen Ausweis die JugendleiterIn-Card.

Parteilichkeit durch Werteorientierung:
Jugendverbände tragen zum Erhalt und zur Weiterentwicklung einer demokratischen und solidarischen Zivilgesellschaft bei. Ein humanistisch oder christlich geprägtes Men-

schenbild, jeweils unterschiedliche soziale, politische, gewerkschaftliche oder kirchliche Wertvorstellungen der Jugendverbände prägen den Charakter der Angebote der Jugendarbeit und stellen die Orientierung für die Ausrichtung von Seminaren der außerschulischen politischen Bildung dar. Diese kommt u.a. in Kursen und Seminaren, in Workshops, in großen und kleinen Veranstaltungen und in thematischen Fahrten – darunter Gedenkstättenfahrten – zum Ausdruck. In einer gesellschaftlichen Situation, in der Solidarität, Zusammenhalt und das Engagement für kulturelle und soziale Minderheiten immer stärker an den Rand gedrängt werden und im Gegensatz dazu eine Ellenbogenmentalität nach Kräften gefördert wird, bieten werteorientierte Jugendverbände einen bedeutsamen, unverzichtbaren Widerpart zur üblichen Beliebigkeit. Sie tragen so zu einer Kultur des Aufwachens und der Solidarität bei, die ansonsten erschwert wird durch Orientierungslosigkeit in einer Erwachsenenwelt ohne sicheren Wertekontext und einer medial vermittelten Alles-ist-möglich-Kultur. (Vgl. LJR Berlin, 2002)

Was Jugendverbände im Speziellen ausmacht

Neben diesen fünf allen Jugendverbänden gemeinsamen Grundsätzen und Prinzipien hat jeder Verband ein weiteres, sehr zentrales Qualitätsmerkmal: nämlich seine ureigensten und ganz speziellen Grundsätze und Prinzipien, die das Profil des jeweiligen Verbandes nach außen und nach innen prägen. Diese Vielfalt ist eine der ganz besonderen Stärken der Jugendverbände, da Jugendliche und Kinder sich ganz speziell nach ihren Bedürfnissen orientieren und in dem Jugendverband aktiv werden können, der ihren Bedürfnissen am ehesten entspricht.

Die Jugendverbände in ihrer Pluralität sind von unterschiedlichsten Leitbildern, Werten und Zielvorstellungen geprägt: es gibt konfessionelle, humanitäre oder gewerkschaftliche Jugendverbände ebenso wie politische, kultur- oder naturbezogene Verbände. Einige Jugendverbände sind auf den ländlichen Raum bezogen, andere sind freizeit- oder körperorientiert, andere wiederum machen Pfadfinder/innen-Arbeit und kommen aus einer bündischen Tradition.

Nicht selten verbinden sich in den Jugendverbänden zwei oder mehrere dieser Hauptorientierungslinien: naturbezogene Verbände haben häufig auch ein politisches Selbstverständnis, Pfadfinderverbände können konfessionell gebunden sein, ein kulturbezogener Jugendverband einer bestimmten Einwanderer-Community verbindet kulturelle Arbeit mit Freizeit- und körperorientierten Angeboten etc. (vgl. DBJR-Grundsatzpapier: „Zwischen Erlebnis und Partizipation").

Die Einzigartigkeit und Unverwechselbarkeit jedes Jugendverbandes, die sich in diesen Orientierungslinien widerspiegeln, finden in jedem Jugendverband Ausdruck in der gelebten Kultur eines Verbandes, in den oft sehr speziellen Traditionen und im oft gefühlten, manchmal auch formulierten Selbstverständnis eines Verbandes.

Alles in allem ergibt dies zusammen das jeweils sehr spezifische Leitbild eines Jugendverbandes – und damit den oft unbewussten Grund für Kinder und Jugendliche, sich für einen bestimmten Verband zu entscheiden.

Was genau ist ein Leitbild?

Was genau nun ist das Leitbild? Vielfach wird anstelle von einem Leitbild auch vom Profil eines Verbandes gesprochen, manchmal wird die Bezeichnung Selbstverständnis benutzt. Viele Bezeichnungen, die oftmals sicherlich für ein und dasselbe verwandt werden. Ein Blick ins Lexikon kann dabei wie so oft hilfreich sein: Nach „Meyers Großem Taschenlexikon" ist das Leitbild „die Bezeichnung für Vorstellungen und Verhaltensideale von Menschen oder Menschengruppen" (Bd. 13, S.75), im weiteren Sinne ist das Leitbild auch „das Image, das bestimmte Personen, Institutionen oder Sachverhalte bei einzelnen Personen oder Gruppen genießen". Auf Jugendverbände übertragen könnte dies also heißen, dass das Leitbild eines Verbandes

die Vorstellungen und Ideale darstellt, die in dem Verband von Mitgliedern angestrebt, umgesetzt und gelebt werden sollten.

Laut dem Bund der Deutschen Landjugend (BDL) können diese Vorstellungen „individuelle Vorbilder und Wünsche, Wert- und Verhaltensmuster von Gruppen oder gewisse gesellschaftliche Prinzipien umfassen. Sie gehen über konkrete Verhältnisse und Situationen hinaus, sie stellen mittelfristige Visionen des Handelns dar." (BDL, 2000, S. 86)

Wenn man nun die Vielfältigkeit in der Jugendverbandsszene betrachtet, wird deutlich, dass diese Vielfältigkeit unterschiedlichste und vielfältige Leitbilder mit sich bringt. Jeder Verband hat seinen ganz ureigensten inhaltlichen, pädagogischen oder kulturellen Schwerpunkt. Jeder Verband hat ein ganz eigenes Profil, welches ihn für die Mitglieder und im günstigsten Falle auch für Außenstehende unverwechselbar macht. Dieses Profil wird natürlich erst einmal durch die grundsätzliche inhaltliche Ausrichtung des Verbandes geprägt, also dadurch, ob ein Verband nun z.B. ein konfessioneller, ein politischer oder etwa ein ökologischer Jugendverband ist. Dies ist jedoch nur das Merkmal für das grundsätzliche Profil. Wirklich deutlich wird die Unterschiedlichkeit der Verbände erst in den „Feinheiten", nicht umsonst gibt es daher z.B. so viele unterschiedliche Pfadfinderverbände.

Doch wodurch sind nun gerade diese Feinheiten genau gekennzeichnet? Jeder Jugendverband hat in seiner Satzung ein formuliertes Ziel der Verbandsarbeit. Dazu haben sich vor dem Hintergrund einer oft schon langen Verbandsgeschichte ganz spezielle Eigenheiten, Gepflogenheiten und Vorstellungen vom Verbandsleben entwickelt, quasi eine eigene Verbandskultur, die häufig diesen ganz speziellen Unterschied deutlich macht. Fragt man Aktive in den Verbänden, wird deutlich, dass der „kleine Unterschied" oftmals eher ein spezifisches Gefühl von einer eigenen Kultur im Verband als ein festgeschriebener Grundsatz ist. Die Ideale und Vorstellungen, die in der Arbeit verwirklicht werden, sind häufig gar nicht unbedingt Ausdruck eines formulierten Leitbildes, sondern eher Ausdruck konkret gelebter Verbandskultur mit Werten und Idealen, die sich von Generation zu Generation überträgt.

Nach Dieter Herbst formuliert das Leitbild die angestrebte Identität eines Verbandes auf der Basis der gelebten Verbandskultur sowie vor dem Hintergrund der Wünsche und Erwartungen der Ehrenamtlichen, Aktiven und Mitglieder (vgl. Herbst, 1998, S.29). Aus dem Leitbild leiten sich alle Aktivitäten eines Jugendverbandes ab – vielfach, wie oben angemerkt, auch unbewusst. Das Leitbild steckt den Rahmen für künftiges Handeln ab und schafft eine gemeinsame Grundlage für ein möglichst einheitliches Handeln nach innen und außen. Es bietet den Ehrenamtli-

chen und GruppenleiterInnen zudem eine Orientierungshilfe und schafft für alle einen unverkennbaren Wiedererkennungswert.
Klar ist dabei, dass sich das Leitbild prozesshaft mit den veränderten Wünschen und Bedürfnissen der Mitglieder und den sich stetig wandelnden gesellschaftlichen Bedingungen und Anforderungen verändern sollte.

Warum es sinnvoll ist, ein Leitbild zu formulieren

Ein formuliertes Leitbild als unverkennbares Qualitätsmerkmal eines Jugendverbandes ist sinnvoll und sehr hilfreich, da es vielleicht sogar eines der zentralen Qualitätsmerkmale der Jugendverbandsarbeit ist:
Das Leitbild hat Einfluss auf nahezu alle anderen Qualitätsmerkmale der Arbeit eines Jugendverbandes, da die Verbandsidentität, die aus dem Leitbild entsteht, quasi am Anfang steht, somit die ideelle Grundlage aller Aktivitäten ist und sich auf die gesamte Verbandsarbeit auswirkt.

Das Leitbild hat nach Beschreibung des Bundes der Deutschen Landjugend „die Funktion

- einer Richtlinie zur Prüfung des Ist-Zustandes, also nicht seine Beschreibung,
- einer Richtschnur für die Gestaltung der Zukunft,

- das anzustrebende Bild des Zusammen-
lebens in der Organisation und zwischen
dieser und ihrer Umwelt widerzuspiegeln,
- einer Gesprächsgrundlage für die Zusammenarbeit mit anderen Organisationen,
- Hinweise für die Ausrichtung der Mitar-
beiter/innenauswahl und –qualifikation
zu liefern." (BDL, 2000, S.86)

Ein möglichst bewusster Umgang mit dem
Leitbild kann in der Regel zu stärkerer Identifikation mit dem Verband seitens der ehrenamtlich Aktiven führen, was stärkeres Engagement, mehr Zufriedenheit mit dem eigenen
Tun und eine längere Bindung an den Verband
zur Folge haben könnte.

Die bewusste Beschäftigung mit dem Leitbild
kann bei der inhaltlichen Ausrichtung der Aktivitäten und Angebote enorm helfen, da sie
eine ganz konkrete Orientierungshilfe ist. Sei
es bei der Vorstandsarbeit oder der konkreten
Arbeit in den Gruppen, bei der Planung und
Konzeptionierung der JULEICA-Kurse und
der Bildungs- und Seminararbeit im allgemeinen. Sie kann Pate stehen bei den Jugendaustauschen und jugendpolitischen Aktivitäten.
Sie erleichtert die Ideensuche bei der Außendarstellung und der Öffentlichkeitsarbeit, von
der Selbstdarstellung über das Verbandslogo
bis hin zum Briefkopf, bei der Mitgliederwerbung usw.

Bei der Entwicklung des Leitbildes, z.B. in einem gemeinsamen Seminar, entschließen sich
viele Aktive des Verbandes dazu, den Fokus an
diesem Punkt gemeinsam auf ein sehr zentrales, identitätsförderndes Moment im Verband
zu legen. Alle wollen sich gemeinsam mit den
verbandseigenen Zielen und Werten beschäftigen. Diese Arbeit hat einen extrem hohen
motivierenden Faktor, da alle gemeinsam an
einem sehr grundlegenden, den Verband betreffenden Thema arbeiten. Der BDL schreibt
dazu: „Dabei ist die gemeinsame Erarbeitung
selbst oftmals für das Zusammenwirken in der
Organisation wichtiger als das schließlich er-
stellte Leitbild." (ebd. S.88)

Kurs halten!
Leitbilder in Jugendverbänden

2. Kurs halten! – Leitbilder in Jugendverbänden

Wie im 1. Kapitel schon eingehend beleuchtet, kann unter einem Leitbild auch das Profil oder das Selbstverständnis eines Verbandes verstanden werden. Das Leitbild ist „die Bezeichnung für Vorstellungen und Verhaltensideale von Menschen oder Menschengruppen" (Meyers Taschenlexikon, Band 13, S.75), im weiteren Sinne auch „das Image, das bestimmte Personen, Institutionen oder Sachverhalte bei einzelnen Personen oder Gruppen genießen".

Auf Jugendverbände übertragen könnte dies also heißen, dass das Leitbild eines Verbandes die Vorstellungen und Ideale darstellt, die in dem Verband von Mitgliedern angestrebt, umgesetzt und gelebt werden (sollten). Dass dies natürlich maßgeblichen Einfluss auf die Aktivitäten und Angebote und die Qualität dieser hat, liegt auf der Hand.

In diesem Zusammenhang ist es interessant zu beleuchten, welche Leitbilder verschiedene Jugendverbände in Hamburg haben, was Jugendverbände konkret unter einem Leitbild verstehen, ob es konkret formuliert wurde oder ob es ein gelebtes Leitbild ist. Inwiefern hat das Leitbild Einfluss auf die Qualität der Aktivitäten? Führt es möglicherweise zu Konflikten, trägt es zur Identifikation mit dem Verband bei?

Um Antworten auf diese Fragen zu erhalten, wurden Ehrenamtliche aus den Vorständen verschiedener Jugendverbände im Frühjahr 2004 nach ihren Leitbildern und ihren Erfahrungen befragt. Erfreulicherweise haben sie sehr aufschlussreiche Antworten gegeben. Aber lest selbst!

(Aus Datenschutzgründen wurden die Antworten anonymisiert. Es ist generell die Rede von „den Aktiven" oder „den Ehrenamtlichen".)

2.1. „Bezeichnen wir das Leitbild mal als Ziel, welches nie erreicht, aber immer angesteuert wird!" – Das Leitbild des PfadfinderInnenbund Nord

Der PfadfinderInnenbund Nord (PBN) wurde 1970 gegründet und sieht seine Ursprünge in der Deutschen Jugendbewegung und im internationalen Pfadfindertum. Er hat in Hamburg etwas mehr als 600 Mitglieder, die sich in dreizehn Stämmen über das ganze Stadtgebiet verteilen.

Gelebtes Leitbild „Jugend führt Jugend"

Das Leitbild des PBN ist in erster Linie ein gelebtes Leitbild als Ergebnis einer gelebten Verbandskultur über mehrere Jahrzehnte. In der Satzung finden sich einige grundlegende Ideale formuliert, an denen sich die Aktivitäten des PBN ausrichten: Zentrales Element des Leitbildes des PBN ist das Prinzip „Jugend führt Jugend", welches schon in der Satzung von 1970 festgeschrieben steht. Es begründet sich damit, dass ausschließlich Kinder und Jugendliche zwischen 15 und 25 Jahren einander anleiten. Dieses Prinzip führt zu einem immerwährenden Wechsel der Generationen, einer stetigen Erneuerung und Veränderung im Verband, durch die Erfahrung und Wissen frühzeitig weitergegeben werden müssen. Dieses Prinzip führt dazu, dass Mitglieder des PBN die anstehenden Aufgaben miteinander und nicht gegeneinander durchführen müssen.
Ein PBN´ler meint dazu: „Es ist schwer, dieses Prinzip wirklich Leitbild zu nennen, ist es doch weit weniger greifbar, als sich als Pfadfinder z.B. an Baden Powell zu orientieren. Es ist eben dieses Prinzip eines Jugendbundes, welches die Leute früh Verantwortung übernehmen lässt, welches über Generationen hinweg tiefe freundschaftliche Gemeinschaften entstehen lässt."

In der Bundesurkunde des PBN steht geschrieben: „Der Pfadfinder- und Pfadfinderinnenbund Nord ist ein Bund junger Menschen, die sich freiwillig mit dem Ziel der gegenseitigen Erziehung in Verantwortung vor sich selbst und anderen zusammengeschlossen haben. Die gegenseitige Erziehung umfasst sowohl die individuelle Formung des Einzelnen, wie auch die Erziehung zum Leben in der Gemeinschaft."

Diese Vorstellung, als Jugendlicher etwas für andere Kinder und Jugendliche zu tun, ohne auf den eigenen Vorteil bedacht zu sein, wird von den Mitgliedern weniger als satzungsgemäße Richtlinie verstanden, es ist vielmehr eine fest verwurzelte Grundüberzeugung jedes Einzelnen. Weiterer Bestandteil dieser Vorstellung ist, dass Kinder und Jugendliche in unserer Gesellschaft selbst gestaltete Freiräume haben müssen, in denen sie sich mit Gleichgesinnten nach eigenen Bedürfnissen entfalten können. Als Verhaltensideale resultieren aus diesem „Jugend führt Jugend"-Prinzip das Ideal der Gemeinschaft und der grundsätzlichen Gleichstellung aller Mitglieder. Ohne diese Werte könnte der PBN als reiner Jugendbund ohne hauptamtliches Personal nicht bestehen.
Die Mitglieder des PBN setzen sich zudem je nach Interesse individuelle Schwerpunkte in den unterschiedlichen Stämmen, mal die Natur, mal das Musische, mal das Kreative. Alles mit dem gleichen Ziel: Die Gemeinschaft zu erleben und/oder eine neue zu formen.

21

Die PBN´lerInnen erzählen, dass früher andere Werte als das Prinzip „Jugend führt Jugend" einen höheren Stellenwert hatten: So hatten Natur- und Selbsterfahrung früher eine viel größere Bedeutung, ebenso wie der Wettkampfcharakter von Freizeitaktivitäten und auch der Konkurrenzgedanke. Die stetige Verjüngung der Verbandsstruktur, die Anfang der 80er Jahre einsetzte, hat jedoch mit dazu beigetragen, dass dem Prinzip „Jugend führt Jugend" zusehends die größte Priorität beigemessen wurde, zumal die Erfahrungen hiermit offensichtlich sehr gut sind: Das Durchschnittsalter der Personen in Führungspositionen liegt bei ca. 20 Jahren, das der Gruppenleiter/innen bei ca. 17-18 Jahren. „Vor wenigen Jahrzehnten wäre das undenkbar gewesen", so ein PBN´ler. Zentrale Elemente des Leitbildes des PBN haben sich demnach im Laufe der Jahre den Veränderungen im Verband angepasst.

„Immer wieder Anlass zu Diskussionen..."

Der Wert der Gemeinschaft im Ganzen als PBN sowie im Kleinen als Gruppe ist einer der wichtigsten Werte im PBN und steht außer Frage. Das Prinzip „Jugend führt Jugend" gibt, verbunden mit der Frage, ob die Personen in leitenden Positionen nicht länger aktiv bleiben sollten, in regelmäßigen

Abständen Anlass zu intensiven Diskussionen im Verband:

„Es wird diskutiert, ob es nicht sinnvoller ist, sich einige Ältere länger bei der Stange zu halten. Dies ist eine ständige Diskussion im Bund. Als Jugendbund muss der PBN sein Know-how relativ schnell an seine Mitglieder weitergeben, bzw. müssen dies seine Mitglieder untereinander tun. Immer wenn diese Weitergabe von Wissen und Informationen nicht schnell genug klappt, kommt es mal zu längeren, mal kürzeren Diskussionen über das Thema. Dies passiert auch dann, wenn es zu Generationswechseln kommt, was ca. alle 3-4 Jahre der Fall ist. Als Generationswechsel bezeichnen wir, wenn zu viele Personen der gleichen Generation auf einmal wechseln. Dies ist zum Beispiel letztes und dieses Jahr der Fall im Stammesführerkreis des PBN: Viele erfahrene Stammesführer/innen hören auf, und auf einen Schlag kommen viele unerfahrene und junge Stammesführer/innen. Auch in der Ausbildung kommt es manchmal zu solchen Generationswechseln. Und an diesen Punkten flammt meist auch eine Diskussion über das Prinzip „Jugend führt Jugend" auf. In den letzten 10 Jahren ist das Leitbild im PBN aber recht konstant geblieben, vielleicht ändern sich Facetten, nicht aber die Gesamtheit."

Wichtig ist den Mitgliedern des PBN, dass diese stets wiederkehrende Diskussion immer den Platz erhält, den sie braucht, da sie eine so zentrale Frage des Verbandslebens berührt.

Wenn diese Diskussion von Jüngeren eingefordert wird, sollte sie auch von den Älteren, die sie vielleicht schon häufiger geführt haben, zugelassen werden, da jede Generation aufs Neue die Auseinandersetzung mit Fragen des eigenen Leitbildes führen können soll. Die Aktiven haben jedoch keine Sorge, dass in ihrem sehr diskussionsfreudigen Verband eine solche Auseinandersetzung verhindert werden würde: „Man kann diese Diskussion als schwelendes Feuer betrachten, welches manchmal durch einen Windhauch neu entfacht wird, und solange es noch schwelt, ist alles in bester Ordnung."

„Jeder einzelne braucht dieses Ideal, an das er glaubt"

Die Motivationen, sich im PBN zu engagieren, können sehr unterschiedlich sein: ob es um die Selbstverwirklichung geht, den Wunsch, eigene Erfahrungen an andere weiterzugeben oder das Ziel, die Freiheit auf Fahrt zu genießen – gleich ist bei allen der Wunsch nach Gemeinschaft in der Gruppe und das Bedürfnis, als Jugendlicher etwas für und mit anderen Jugendlichen zu tun.

Doch was trägt zur Identifikation gerade mit dem PBN bei? Ein PBNler erklärt dazu:

„Dass der PBN ein „jugendgeführter" Bund ist, macht ein Großteil Identifikation des Bundes aus, da dies auch ein (ge)wichtiger Unterschied zu anderen Jugendverbänden darstellt. Ohne dieses Leitbild würde den Mitgliedern viel fehlen, ein Bundesleben wäre kaum vorstellbar. Im PBN ist jede/r Gruppenleiter/in stolz darauf, in einem Bund zu sein, der jugendlich selbstorganisiert ist. Ein Bund, der starke partizipatorische Wurzeln und Strukturen hat. Durch unser Leitbild ist der PBN das, was er ist. Nicht nur ein Verband unter vielen."

Diese große Identifikation mit dem Verband, seinen Werten und seinem Leitbild ist der zentrale Faktor, um die Mitglieder auch langfristig an den Verband zu binden. Um auch in „Durststrecken" und Phasen von Stress und Problemen dem Verband nicht den Rücken zuzukehren, ist diese Identifikation für den Verband „überlebenswichtig". Ehrenamtliche, die keinen Bezug zum Leitbild haben, können schneller mit den Füßen abstimmen als solche, die diesen Bezug stark verinnerlicht haben:

„Gerade in Phasen voller Stress und Problemen, wenn man im PBN nicht mehr weiß, wo man mit der Arbeit anfangen soll, ist es wichtig, an etwas zu „glauben". Jede/r Gruppenleiter/in kommt wahrscheinlich mehrmals während seiner Pfadizeit an den Punkt, in dem man einfach keinen Bock mehr hat, weil man in diesen Momenten viel mehr reinsteckt, als man in irgendeiner Form zurückbekommt. Es sind genau diese Momente, in denen man sich fragt, warum man all den Stress und die Entbehrung auf sich nimmt. Warum man nicht einfach alles hinschmeißt und wie andere Jugendliche seine Freizeit ohne Planung und Vorbereitung unzähliger Fahrten und Aktionen gestaltet. In diesen Momenten fragt man sich, warum man diesen „Job" eigentlich macht! Hier braucht jeder einzelne dieses „Leitbild", dieses Ideal, an das er glaubt. Die Leute wollen die Gemeinschaft im PBN und glauben an das, was sie tun. Entweder das, oder sie hören an diesen Punkten, in diesen Momenten auf! Ohne dieses Ideal im Kopf, ohne diese „Zielsetzung" kann eine solche zeitintensive Arbeit nicht geleistet werden. Nicht umsonst heißt es im PBN: Pfadfinder sind mehr als nur ein Hobby!"

„Im Idealfall entscheidet die Gruppe und nicht mehr der Gruppenleiter"

Das Leitbild des PBN, insbesondere das Prinzip „Jugend führt Jugend", hat konkreten, umfassenden Einfluß auf die Arbeit des PBN, es ist vielmehr sogar zentraler Bestandteil. Möglichst viele sollen an den Entscheidungen im PBN teilhaben. Aufgaben werden nicht von einer Person geplant und dann dem Rest vorgesetzt, sondern müssen möglichst aus der Gemeinschaft kommen

– dies alles beansprucht viel Zeit. Wie schon erwähnt, bleibt als Jugendbund das Wissen meist nur wenige Jahre an derselben Stelle / Person im PBN. Der PBN ist also immer bestrebt, diese Informationen möglichst früh an viele Leute weiterzutragen. Anders kann das Prinzip „Jugend führt Jugend" nicht funktionieren.

Dieses Leitbild hat auch die Funktion der Motivation junger Mitglieder, wie eine PBNlerin beschreibt: „Konkret werden die Kinder in den Gruppen frühzeitig mit eigenständigen Aufgaben betraut. Sie werden früh und regelmäßig ermuntert und unterstützt, selbständig Aktionen zu planen und durchzuführen. Das bloße „Konsumieren" findet in den ersten beiden Gruppenjahren statt. Danach, wenn die Leute ca. 11-12 Jahre alt sind, kommen die ersten kleinen Aufgaben auf sie zu. Zum Ende der Gruppenzeit entscheidet im Idealfall die Gruppe und nicht mehr der Gruppenleiter, was zu tun ist."

Die langen und intensiven Freundschaften, die bis weit über die aktive PBN-Zeit hinaus bestehen bleiben, führen die Aktiven zudem auch auf die hohe Identifikation mit den Idealen des Verbandes zurück:
„Konkret sorgt unser Leitbild auch für starke freundschaftliche Bindungen, die während der Pfadfinderzeit entstehen und darüber hinaus Bestand haben. Aufgrund des hohen Wertes der Gemeinschaft und des intensiven Kontaktes, welcher in den Gruppen herrscht, entstehen viele tiefe Freund-

schaften im PBN."

Die partizipatorische Grundstruktur des PBN und das Prinzip „Jugend führt Jugend" führt nach Ansicht der PBNler/innen zusätzlich dazu, Konflikte im Verband besser zu lösen. Die Konfliktlösung erscheint ihnen einfacher, „wenn alle Konfliktpartner auf derselben Stufe stehen, vielleicht auch noch im ähnlichen Alter sind".

Auf die Frage nach dem Einfluss des Leitbildes auf die Qualität der Aktivitäten des PBN wird deutlich, dass dies stark vom Verantwortungsbewusstsein des Einzelnen abhängig ist. Dieses wiederum ist möglicherweise stärker bei denen ausgeprägt, die um die Werte und Ideale des Verbandes wissen, wie die PBNler/innen beschreiben:

„Vielleicht hilft das Leitbild dabei, dass sich jeder Einzelne seiner Verantwortung bewusst wird, da halt kein Erwachsener, kein anderer Verantwortlicher einem die Aufgabe abnehmen kann. Wenn etwas nicht gemacht wird, dann passiert es auch nicht und die gesamte Gemeinschaft, oder aber zumindest ein Teil von ihr, hat darunter zu leiden. Mit der Gewissheit, immer auch für Teile der Gemeinschaft verantwortlich zu sein, steigt auch das eigene Verantwortungsbewusstsein. Das Wissen um unser Leitbild hilft, in schwierigen Situationen nicht aufzugeben und weiterzumachen. Es ist aber nicht so, dass das Leitbild einem immer gegenwärtig ist. Es ist irgendwie in einem drin, aber man tut seine Aufgaben ja nicht wegen eines Leit-

bildes, sondern weil man es selber will."

Im PBN herrscht nach Auskunft der Aktiven grundsätzlich an alle Aktivitäten ein hoher Anspruch - manchmal vielleicht sogar ein zu hoher. Qualität stehe immer an erster Stelle. Man bekomme es förmlich in die Wiege gelegt, sich nicht nur am Mittelmass zu orientieren, sondern auch mal zu versuchen, über sich hinaus zu wachsen:

„Der hohe Anspruch an uns selbst und andere resultiert natürlich daraus, dass ein unbewusstes oder bewusstes Leitbild existiert, nach dem wir streben. Wir streben immer danach, es ein bisschen besser zu machen. Bezeichnen wir das Leitbild mal als Ziel, welches nie erreicht, aber immer angesteuert wird!"

Kontakt: PfadfinderInnenbund Nord Hamburg (PBN); Alsterdorfer Str. 575; 22335 Hamburg; Tel/Fax: 040/599707; info@pbn.de, www.pbn.de

2.2. „Der Wunsch des Jugendlichen steht immer weiter im Vordergrund!" – Das Leitbild der Jugendfeuerwehr Hamburg (JF)

Die Jugendfeuerwehr Hamburg existiert als Jugendverband schon seit 1967. In ihr sind ca. 700 Kinder und Jugendliche im Alter von 10 bis 17 Jahre organisiert, die in 43 verschiedenen Jugendfeuerwehren im ganzen Stadtgebiet verteilt arbeiten. Die Jugendfeuerwehr sieht ihre Aufgabe darin, im Team gemeinsam etwas zu bewegen:
In der JF lernt man den Umgang mit technischem Gerät genauso, wie es vermittelt wird, sich in einer Gruppe zu verhalten, gemeinsam etwas zu planen und es umzusetzen. Bei der Jugendfeuerwehr sollen Spaß und Bewegung verbunden sein mit dem Ziel, zu lernen und anderen Menschen zu helfen – egal ob im Alltag oder vielleicht auch später mit 18 Jahren in der Einsatzabteilung der Freiwilligen Feuerwehr.

„Spaß und Freude zur Hilfe am Nächsten!"

Auch die Jugendfeuerwehr Hamburg kann aufgrund mehrerer Jahrzehnte aktiver Jugendverbandsarbeit und einer ganz spezifischen Verbandskultur von einem gelebten Leitbild berichten. Ein explizit formuliertes Leitbild gibt es auch in diesem Jugendverband nicht, dafür läßt sich das gelebte Leitbild nach Auskunft von JF-Aktiven in etwa wie folgt beschreiben:
„Die Jugendfeuerwehr ist eine junge, engagierte, dynamische, zukunftsgerichtete Jugendorganisation, die es sich zur Aufgabe gemacht hat, Kinder und Jugendliche mit Spaß und Freude zur Hilfe am Nächsten zu erziehen."

In ihrer Arbeit mit Jugendlichen und Kindern beziehen sich die Ehrenamtlichen in erster Linie auf die Ziele in der Jugendarbeit der Jugendfeuerwehr, die in der Jugendordnung genauer definiert sind. Zentrale Ziele dieser Jugendordnung sind demnach, die Kinder und Jugendlichen u.a. in ihrer Persönlichkeit zu fördern und sie zur gesellschaftlichen Mitverantwortung in den Freiwilligen Feuerwehren heran zu führen. Zudem sind zentrale Elemente der Arbeit in der Jugendfeuerwehr, die Kinder und Jugendlichen zur Nächstenhilfe, zu demokratischem Bewusstsein, Gleichberechtigung, solidarischem Handeln und zur Fairness und Toleranz zu erziehen.
Mitbestimmung, Toleranz, Helfen, Soziale Kompetenz und viele andere Grundsätze, Ziele und Aufgaben, die in der Jugendordnung benannt sind und dort ausführlicher

behandelt und formuliert sind, werden von den Ehrenamtlichen als Leitgedanken ihrer Arbeit im Jugendverband angesehen und haben großen Einfluss auf die inhaltliche Arbeit.

Neben diesen in der Jugendordnung konkret formulierten Leitgedanken gibt es eine Reihe weiterer in der Verbandskultur der Jugendfeuerwehr verankerte Handlungsrichtlinien, die als Ergebnis einer gelebten Praxis gesehen werden können. Als Beschlüsse der Delegiertenversammlung, dem höchsten Beschlussorgan der Jugendfeuerwehr, können sie zudem das Resultat langer verbandsinterner Diskussionen sein, wie einige Aktive der Jugendfeuerwehr beschreiben:
„So gibt es klare Beschlüsse zum Verzicht auf Alkohol auf allen JF-Veranstaltungen durch die Mehrheit der Jugendlichen oder auch Entscheidungen über die Durchführung von Veranstaltungen für die Jugendlichen. Gelebtes Ziel ist es, dass die Jugendlichen maßgeblich ihre Interessen, Wünsche und Vorstellungen in die Veranstaltungen mit einbringen."

„Die Umsetzung der Partizipation war für uns eine große, gewollte Herausforderung"

Natürlich führen Handlungsrichtlinien, die das Ergebnis langer Diskussionen und auf die eigenen Werte und Vorstellungen zurückzuführen sind, auch immer wieder zu Schwierigkeiten in der Umsetzung. So wurde im Rahmen des Internationalen Jugendfeuerwehr Zeltlagers 2002 in Hamburg diskutiert, inwieweit der Beschluss der Jugendlichen, keinen Alkohol auszuschenken, umzusetzen ist. Vor dem Hintergrund, die vielen zum Teil schon älteren Betreuer der Gruppen nicht „zwingen" zu müssen, sich außerhalb des Lagergeländes mit Bier oder anderen Spirituosen zu versorgen, wurde der Beschluss „gedehnt". In diesem Falle wurde die Regel mit einer sehr strikten Ausnahme belegt. Nach Aussagen der Ehrenamtlichen war diese Entscheidung richtig, da das „Angebot" nur in Maßen genutzt wurde und alle Beteiligten mit der Lösung zufrieden waren.

Abgesehen davon, dass es in der jüngeren Vergangenheit der Jugendfeuerwehr keine grundsätzliche Diskussion zu den Leitgedanken gab, hat es im vergangenen Jahr eine sehr grundsätzlichere Ausrichtung der Jugendfeuerwehr in Richtung Partizipation gegeben: „Zuletzt haben wir bei der Änderung unserer Jugendordnung im Jahre 2003 die Wahl von Funktionsträgern geändert. Seither wählen die Jugendlichen alle Funktionsträger in der Jugendfeuerwehr mit mind. 2/3 Mehrheit selbst. Diese Umsetzung der Partizipation war für uns als Jugendfeuerwehr eine große, gewollte Herausforderung, die auch positiv gelebt wird."

Dass diese Herausforderung trotz vielfältiger Schwierigkeiten auch konkret umgesetzt wird, zeigt der Umgang mit einem Beschluss zu den Feuerwehruniformen, die vor Jahren aus Kostengründen eingespart wurden: „Jugendliche waren es, die im Rahmen eines Initiativantrages auf einer Delegiertenversammlung die Wiedereinführung der Feuerwehr-Uniformen für die Mitglieder der Jugendfeuerwehr gefordert haben. Zeug zum Wechseln, Vorsorge von Abziehdelikten, einheitliches Auftreten, aber auch die Gleichberechtigung zu den Mitgliedern der Einsatzabteilung waren die Argumente, die die Delegiertenversammlung der Jugendfeuerwehr (2/3 sind Jugendliche) dazu bewogen hat, mit einer überwältigenden Mehrheit für die Wiedereinführung zu stimmen. Nun sind wir „Älteren" dran, diesen Wunsch umzusetzen, welches vor dem Hintergrund leerer Staatskassen sicherlich äußerst schwierig ist."

„Unser Leitbild hat einen maßgeblichen Einfluß auf unsere Arbeit"

Diese Stärkung der Rolle partizipatorischer Strukturen in der Jugendfeuerwehr Hamburg sind nach Ansicht der Aktiven Ausdruck jahrelanger Bemühungen der Ehrenamtlichen, den Einfluss der Jugendlichen und Kinder immer stärker in den Vordergrund zu stellen. Über Jahre hinweg haben viele daran gearbeitet, dass die Ziele der Jugendordnung auch konkret umgesetzt werden. Vergleichen die Aktiven die Zeit heute mit der vor rund 20 Jahren, so hat es einen deutlichen Zuwachs an Partizipation und Einfluss in der Jugendfeuerwehr gegeben: „Der Wunsch des Jugendlichen steht immer weiter im Vordergrund. Die Kinder und Jugendlichen werden auch von den Älteren immer „ernster" genommen und Anregungen werden nicht grundlegend verworfen, sondern besprochen und diskutiert."
Neben dem Spaß und der Freude an der Arbeit mit den und für die Jugendlichen schöpfen die Jugendfeuerwehrwarte und Betreuer einen Teil ihrer Motivation auch aus der Verbundenheit mit den Leitgedanken wie Gemeinschaft, Helfen, Spaß, Toleranz und Mitbestimmung. Diese Leitgedanken stehen nicht im Vordergrund, drücken sich aber im wöchentlichen Verbandsleben als „gelebte Praxis" aus.
Auch wenn das Leitbild in der wöchentlichen Arbeit nicht im Vordergrund steht,

hat es nach Auskunft der Ehrenamtlichen auf die konkrete Arbeit der Jugendfeuerwehr „einen maßgeblichen Einfluß: Die Erfüllung unserer Ziele steht – parallel mit den Wünschen der Kinder und Jugendlichen - sehr weit im Vordergrund. Sie bestimmen damit auch im Wesentlichen unser Tun und Handeln."

Leitbild und Leitgedanken werden im Verband in dem Moment erneut konkret Thema werden, wenn sich Ziele und Handlung voneinander entfernen. Solange es einen Gleichklang in diesen Feldern gibt, nutzen die Aktiven die Zeit für die Arbeit mit – und für die – Kinder und Jugendlichen.

Abschließend legen die Aktiven Wert auf die Feststellung, dass die Grundsätze und Leitgedanken der Jugendfeuerwehr, insbesondere die in der Jugendordnung festgeschriebenen, als wichtige Indikatoren und Prüfsteine der eigenen Arbeit gesehen werden: „Sie bieten die Chance, dass wir selbst jederzeit schauen können, ob es an der einen Stelle stetige Erfolge gibt oder wir an der anderen Stelle über Veränderungen nachdenken sollten."

Kontakt: Jugendfeuerwehr Hamburg; Westphalensweg 1; 20099 Hamburg; Tel: 040/428514087; Fax: 040/428514088; info@jf-hamburg.de; www.jf-hamburg.de

2.3. „Die Unterschiedlichkeit ist Kennzeichen unserer Gemeinschaft" – Das Leitbild der Evangelischen Jugend Hamburg (EJH)

Die Evangelische Jugend Hamburg (EJH) ist ein christlicher Jugendverband, zu dem Jugendliche christlichen Glaubens unterschiedlicher nationaler und sozialer Herkunft, gesellschaftlicher Stellung sowie politischer Gesinnung gehören.
Rund 30.000 Jugendliche im Alter von 8-27 Jahren nehmen regelmäßig an den Angebo-ten teil. In ca. 150 Kirchengemeinden Hamburgs findet Jugendarbeit statt. Es gibt rund 1.550 ausgebildete JugendleiterInnen, die ehrenamtlich diese Jugendarbeit gestalten. Die EJH ist der Jugendverband der Nordelbischen Evangelisch Lutherischen Kirche auf Hamburger Staatsgebiet.

„Das Evangelium als Lebensmöglichkeit für sich annehmen"

Die EJH fühlt sich stark dem Neuen Testament und dem Leben Jesu Christi verbunden. In der Nordelbischen Jugendordnung ist das beschrieben, was Aktive des Verbandes als „Kern dessen, was in der EJH als Leitbild verstanden werden könnte", ansehen:
„Gemeinde Jesu Christi ist begründet im Evangelium von der Liebe Gottes zu allen Menschen, wie sie durch Wort und Tat, Kreuz und Auferstehung Jesu Christi hörbar und sichtbar geworden ist. Die Evangelische Jugend ist Teil dieser Gemeinde.
Evangelische Jugendarbeit als Dienst dieser Gemeinde lädt junge Menschen ein, das Evangelium als Lebensmöglichkeit für sich anzunehmen und sich dafür einzusetzen, dass auch andere die gleichen Erfahrung machen. Dabei bedient sie sich fachkundlicher Erfahrung."
Praktischen Ausdruck erfährt diese Bezugnahme auf die zentralen, christlichen Werte in Gesprächsgruppen, Aktionen, Projekten und im Konfirmandenunterricht. Dort werden die ethischen Prinzipien der biblischen Botschaft wie „Gewaltfreiheit", „Nächstenliebe", „Feindesliebe", „Vergebungsfähigkeit" immer wieder in ihrer Bedeutung als Orientierungen für das heutige Zusammenleben thematisiert. Diese Arbeit wird in der EJH als immer wichtiger angesehen, zumal

traditionelle Werteinstanzen wie Familie und Schule zusehends an Glaubwürdigkeit verlieren.
In diesem Zusammenhang wird auch der Seelsorge eine große Bedeutung zugemessen, da Jugendliche und Kinder auf der Suche nach Ansprechpartnern für ihre Probleme sind. Die EJH sieht sich mit ihren ehren- und hauptamtlichen Mitarbeiter/innen als ein solcher Ansprechpartner gerade auch vor Ort.

„Die EJH vertritt sich im kirchlichen, gesellschaftlichen und politischen Leben selbst."

Die Partizipation spielt in der EJH - wie in allen Jugendverbänden auch - eine sehr zentrale Rolle. So schreibt die Nordelbische Jugendordnung weiter:
„Die Evangelische Jugend gestaltet ihre Gemeinschaften und ihr Handeln in den ihnen gemäßen Formen, z.B. in Jugendkreisen und offener Jugendarbeit, in Jugendgottesdiensten und Freizeiten, in Aktionsgruppen und Projekten. Sie vertritt sich im kirchlichen, gesellschaftlichen und politischen Leben selbst."

Die Evangelische Jugend in Hamburg organisiert sich selbstständig durch engagierte Ehrenamtliche auf Kirchenkreis- und Stadtebene. Durch die mögliche Beteiligung an den Kirchenkreis-Jugendvertretungen und von dort aus auch als Verteter/in an der Vollversammlung der EJH, gibt es für Jugendliche viele Möglichkeiten zur Partizipation im Verband. Ausdruck dieser Partizipation ist es, dass der EJH-Vorstand zu ca. 80% aus den Jugendlichen und jungen Erwachsenen aus der Jugendarbeit selbst zusammengesetzt ist.

Die evangelische Jugendarbeit wird u.a. in Form von eigenverantwortlich durchgeführten Wochenend- und Ferienfahrten von einer sehr großen Gruppe Ehrenamtlicher durchgeführt. Alle Jugendlichen haben sich durch eine solide pädagogische Schulung mit dem Erwerb der JULEICA für diese Arbeit qualifiziert. Die im Vorstand der EJH diskutierte Selbstdarstellung, in der Grundprinzipien der evangelischen Jugendarbeit festgeschrieben sind, verdeutlicht hierzu:

„Durch die praktische Erfahrung haben sich in der Jugendarbeit viele qualifizierte Führungspersönlichkeiten entwickelt, die in der Lage sind, auch mit schwierigen pädagogischen Situationen fertig zu werden. Darüber hinaus sammeln Ehrenamtliche wichtige Erfahrungen in der Gestaltung und Leitung von Mitarbeiterrunden und Gremien, in der Öffentlichkeitsarbeit, in der Planung und Abwicklung komplexer Vorhaben."

„Durch das, was wir leben, werden politische, religiöse und kulturelle Grenzen überbrückt"

Die Vertretung im kirchlichen, gesellschaftlichen und politischen Leben findet in vielfältigen Aktionen seinen Ausdruck. Ein sehr sichtbares und auch wichtiges Zeichen christlicher Jugendarbeit in den letzten Jahren ist das ökumenische Jugendtreffen Taize, wie Ehrenamtliche berichten. Dieses große christliche Jugendtreffen beinhaltet eine Reihe der EJH sehr wichtigen Grundprinzipien:

„Über Silvester 2003/2004 fand das ökumenische Jugendtreffen Taize in Hamburg statt, das vorbildhaft zeigt, wie stark die Arbeit und vor allem unser Glauben dafür sorgt, dass politische, religiöse und kulturelle Grenzen durch das, was wir leben, überbrückt werden. Das ist mit Sicherheit eins der wichtigsten Prinzipien unserer Arbeit, wobei hauptsächlich die innere Einstellung entscheidend ist" erzählt ein langjährig ehrenamtlich Aktiver der EJH.

Treffen wie das Taize-Treffen, ungewöhnliche Gottesdienste, christliche Konzerte und geistliche Aktionen sollen laut Selbstdarstellung der EJH das Bedürfnis Jugendlicher nach Sinnsuche und sinnlicher spiritueller Erfahrung ansprechen.

31

Einen weiteren Ausdruck findet die Bezugnahme auf christliche Werte im stark ausgeprägten Engagement für sozial Benachteiligte in unserer Gesellschaft. Gerade in sozialen Brennpunkten wie Mümmelmannsberg, Wilhelmsburg, Neuwiedenthal, Steilshoop oder Osdorfer Born sollen in den Angeboten der evangelischen offenen Jugendsozialarbeit nicht nur Freizeitbeschäftigung, sondern auch Lebensorientierung und Lebensmut vermittelt werden. In diesem Kontext ist auch ein weiterer Schwerpunkt evangelischer Jugendarbeit zu sehen, die Begegnung zwischen deutschen und ausländischen Jugendlichen zu fördern. Dies geschieht durch diverse Projekte in Stadtteilen und durch internationale Begegnungsfahrten.

In Zeiten zunehmender Individualisierung fördert die evangelische Jugendarbeit gezielt die Erfahrung von Gemeinschaft zwischen Jugendlichen unterschiedlicher sozialer Herkunft mit unterschiedlichem Bildungsniveau und unterschiedlicher Nationalität durch gemeinsame Aktionen, Fahrten, Gruppen. Bekräftigt wird dieser zentrale Punkt im gelebten Leitbild evangelischer Jugendarbeit durch die Selbstdarstellung der EJH: „Diese Unterschiedlichkeit ist Kennzeichen unserer Gemeinschaft und verdeutlicht die Komplexität unserer Arbeit."

Kontakt: Evangelische Jugend Hamburg (EJH); Schillerstraße 7; 22767 Hamburg; Tele: 040/30623133; Fax: 040/30623136; info@ejh-online.de; www.ejh-online.de

Leinen los!
Leitbildentwicklung am Beispiel der AGfJ

3. Leinen los! – Leitbildentwicklung am Beispiel der AGfJ

Die Arbeitsgemeinschaft freier Jugendverbände (AGfJ) in Hamburg e.V. ist ein offener Zusammenschluß von zur Zeit elf kleineren Jugendverbänden, die in Hamburg (medien)pädagogische, politische, ökologische oder kulturelle Arbeit mit Jugendlichen oder Kindern machen. Die AGfJ gibt es seit 1970 und versteht sich als Interessenvertretung der kleineren Jugendverbände z.B. gegenüber der Öffentlichkeit, den Behörden und als Mitglied im Landesjugendring auch auf den dortigen Vollversammlungen.

Sie bietet durch ihre Funktion als Dachverband mit gut ausgestattetem Büro, für die Gruppenarbeit nutzbaren Räumen und fest angestellten Bildungsreferent/innen Möglichkeiten als Anlauf- und Kontaktstelle für die Mitgliedsverbände. Die AGfJ gibt Hilfestellung bei organisatorischen Problemen wie beim Stellen von Anträgen, beim Suchen von Seminarhäusern oder bei der Vermittlung von Material und ReferentInnen.

Zudem bietet die AGfJ zweimal im Jahr JULEICA-Schulungen sowie verschiedene Fort- und Weiterbildungsangebote (Samstagswerkstätten) und einen 1.-Hilfe-Kurs für JULEICA-AnwärterInnen an.

In verschiedenen Arbeitskreisen findet ökologische und antirassistische Bildungsarbeit statt, die auch in jährlichen Großveranstaltungen wie „respekt – gegen alltägliche gleichgültigkeit 2003 - 2005" oder „Rassismus und seine Freunde stoppen – Antirassistische Aktionstage 2002" ihren Ausdruck finden können.

Ein weiterer Schwerpunkt der AGfJ sind zwei schon über zehn Jahre stattfindende Jugendaustausche: der Nicaragua- und der Israel-Austausch.

Desweiteren sind für das Jahr 2006 Jugendbegegnungen in Peru und Burkina Faso in Planung.

3.1. Wie alles anfing...

In der AGfJ sind viele verschiedene ehrenamtliche Jugendliche aktiv: von dem ehrenamtlichen Vorstand, den Delegierten der Mitgliedsverbände, die die Delegiertenversammlungen der AGfJ besuchen, über die Beteiligten an Großaktionen bis hin zu den Aktiven in den Arbeitskreisen und den Jugendaustauschen. Es gibt eine Vielzahl unterschiedlicher Verbindungen zur und Interessen in der AGfJ.

In der Vergangenheit ist es immer wieder zu Konflikten verschiedener Interessengruppen in der AGfJ gekommen, die z.T. auf das unterschiedliche Selbstverständnis bezüglich der AGfJ als Dachverband zurückzuführen waren. Zugespitzt formuliert sahen die einen in der AGfJ einen Verband ausschließlich zur Interessenvertretung und Serviceleistung für die Mitgliedsverbände, während die anderen die AGfJ als Speerspitze der Jugendaustauschbewegung wahrnahmen. Eine gemeinsame Identität war nur gering ausgeprägt, was jedoch von allen Beteiligten stark bemängelt wurde.

Vor diesem Hintergrund überlegte sich der Vorstand zusammen mit den Bildungsreferent/innen die Möglichkeit, ein gemeinsames Selbstverständnis zu formulieren. Ein entsprechender Vorschlag sollte der Delegiertenversammlung (DV), dem höchsten beschlussfassendem Gremium der AGfJ, auf dem vier Mal im Jahr der Vorstand und alle Delegierten der Mitgliedsverbände zusammenkommen, unterbreitet werden.

Nach der Vorstellung der Ausgangslage durch den Vorstand beschloss die DV im Juni 2000, dass sich die AGfJ intensiv mit dem eigenen Selbstverständnis und der eigenen Identität als Dachverband auseinandersetzen sollte.

Sie beauftragte eine Vorbereitungsgruppe, bestehend aus zwei Mitgliedern des Vorstandes und einem Bildungsreferenten, damit, Methoden und Konzepte für eine solche Diskussion zu recherchieren und für den Rückschauenden Ausblick (RA) im darauffolgenden September vorzubereiten. Der RA ist eine Deligiertenversammlung in Form eines Wochenendseminars, auf dem die Delegier-

ten, der Vorstand, die Bildungsreferenten und Aktive aus den Arbeitskreisen der AGfJ – sprich, der gesamte aktive Stamm der AGfJ - das laufende Jahr reflektieren und die Planung für das kommende diskutieren. Auf dem RA werden traditionell auch Fragen von inhaltlicher Ausrichtung der Bildungsarbeit, neue Konzepte, Ideen etc. entwickelt, vorgestellt und beschlossen.

Die Vorbereitungsgruppe

In der Vorbereitungsgruppe wurde schnell deutlich, dass der Schwerpunkt auf der Frage liegen sollte, warum sich Jugendverbände in Dachverbänden wie der AGfJ organisieren, welche Vorteile dies für einen Verband bringt und warum diese Organisierung sinnvoll ist. Ein weiterer Schwerpunkt sollte zudem auf der Frage liegen, was es noch für Gründe geben kann, in der AGfJ aktiv zu werden. Aus der Diskussion zum Thema Selbstverständnis sollte dann konkret ein Auftrag für die AGfJ formuliert werden.

Der Vorbereitungsgruppe war wichtig, dass die Diskussion auf dem RA als Anfang zu sehen sei. Ein Anfang, der Anstöße geben und einen Prozess in Gang setzen solle, der mit der Diskussion zwar beginnen, aber noch lange nicht abgeschlossen sein werde. Die DVs, RAs, Vorstandssitzungen usw. in der weiteren Zukunft könnten der Rahmen für eine weitere Fortsetzung dieses Prozesses sein.

Die Vorbereitungsgruppe entschied sich dafür, auf dem RA gemeinsam das Selbstverständnis in Form eines Leitbildes zu formulieren. Um dieses Leitbild zu formulieren, werden mit allen Beteiligten als erster Schritt Leitsätze entwickelt.

Die Anregungen für diese Diskussion um ein Leitbild / ein Selbstverständnis entnahm die Vorbereitungsgruppe dem Buch „Corporate Identity" von Dieter Herbst (vgl. Kapitel 4).

Die Fragestellungen

Die gemeinsame Entwicklung von Leitsätzen und daraus resultierend eines Leitbildes bzw. die Identität als Dachverband soll Antwort geben auf die zentralen Fragen:

- Wer ist die AGfJ?
- Was kann die AGfJ?
- Was will die AGfJ?
- Wie kann die AGfJ dies gut nach außen und nach innen vermitteln?
- Wer ist die AGfJ in den Augen anderer?

An folgenden Fragen könnte sich nach Ansicht der Vorbereitungsgruppe die Entwicklung des Leitbildes der AGfJ als Dachverband für Mitgliedsverbände und als Ort inhaltlicher Arbeitskreise zu unterschiedlichen Themenschwerpunkten orientieren:

1) Wie sehen wir uns?
2) Wie werden wir von anderen gesehen?
3) Wie würden wir uns gerne sehen?
4) Wie wollen wir von anderen gerne gesehen werden
5) Wie würden die anderen uns gerne sehen?

(vgl. Herbst, S.14)

Für die Vorbereitungsgruppe bedeutete die Entwicklung eines Leitbildes bzw. einer Dachverbandsidentität den Beginn eines langfristigen Prozesses, an dem alle in der AGfJ Tätigen teilhaben sollten und der möglichst systematisch geplant werden sollte. Schnellschüsse, planloser Aktionismus und überstürzte „Reformen" wurden von allen Beteiligten ausdrücklich abgelehnt. Die Vorbereitungsgruppe befürwortete einen kontinuierlichen Prozeß, der auf die Veränderungen in der AGfJ selbst ebenso eingeht wie auf Veränderungen in den Verbandsstrukturen und der Jugendverbandsarbeit allgemein. Ein solcher Prozeß könne frühzeitig auf Veränderungen im Verband, in der Mitgliederstruktur und auf Veränderungen in der Jugendverbandsarbeit allgemein reagieren.

Es war also klar, dass die Entwicklung eines Leitbildes Zeit brauchen würde.

Mit dem RA-Wochenende würde der Anfang gemacht werden. Die weitere Entwicklung wäre davon abhängig, dass die Diskussion auch in der Zukunft immer wieder neu aufgegriffen wird.

Die Ziele

Die mit der Entwicklung eines Leitbildes verbundenen Ziele beschrieb die Vorbereitungsgruppe der AGfJ folgendermaßen:

1) Ziele nach innen:

Durch die gemeinsame Formulierung von Leitsätzen durch viele in der AGfJ aktive Ehrenamtliche werden wichtige Prozesse und Strukturen für alle transparent und greifbar. Die AGfJler/innen arbeiten auf ein gemeinsames Ziel hin, ein geschlosseneres Bild der AGfJ kann entstehen. Die unterschiedlichen Arbeitsschwerpunkte der AGfJ können sich zukünftig besser aufeinander beziehen. Durch ein möglichst entstehendes „Wir-Gefühl" kann die Motivation und die Zufriedenheit in dem Engagement für die Ziele der AGfJ gesteigert werden. Die Handlungsspielräume innerhalb der AGfJ können größer werden.

2) Ziele nach außen:

Ein unverwechselbares, charakteristisches Image und spezifisches Angebot ermöglicht es der AGfJ, aus der Anonymität und der Informationsflut der Jugendverbands- und Freizeitangebote herauszutreten und mit einem eigenen Profil erkennbar zu werden. Positive Wiedererkennung sollte im günstigen Fall Sympathie und Vertrauen wecken, wodurch das Verhältnis der AGfJ zu den Zielgruppen (neue Mitglieder, Öffentlichkeit allgemein) verbessert wird. Die Ziele der AGfJ werden eher unterstützt, die Hemmschwelle sich zu beteiligen sinkt. Je mehr Informationen über die AGfJ bekannt sind, desto besser kann sich ein positives Bild nach außen formen.

Nach Ansicht der Vorbereitungsgruppe hat die AGFJ als Dachverband unterschiedlicher, überwiegend kleinerer Jugendverbände viele verschiedene Facetten, die im Ganzen die AGfJ für die Aktiven attraktiv macht und die Möglichkeit eines sehr positiven Außenbildes in sich birgt. Es gibt verschiedene Schwerpunkte, deren Zusammenführung die Darstellung eines lebendigen Dachverbandes ermöglicht:
Da ist zum einen die Vielfältigkeit und das Potential der verschiedenen Mitgliedsverbände. Die Aufgabe, diese in ihrer vielschichtigen Arbeit durch verschiedenste Serviceleistungen zu unterstützen, zu beraten und ihre Interessen zu vertreten, macht einen wichtigen Schwerpunkt der AGfJ aus. Zum anderen sind in der AGfJ zwei sehr interessante Jugendaustausche angesiedelt und verschiedene Arbeitskreise aktiv, die jeweils eine gute Außenwirkung erzielen. Schnittstelle für die beiden Schwerpunkte sind die Fort- und Weiterbildungsmaßnahmen für Ehrenamtliche und JULEICA-Inhaber/innen.

Gerade die Vielseitigkeit der AGfJ birgt ein einzigartiges Potential in sich, es ist jedoch notwendig, in dieser Vielfältigkeit die Stärke der AGfJ zu erkennen, ihr eine positive Wertung zukommen zu lassen und dies auch offensiv in der Öffentlichkeit als Qualitätssiegel der AGfJ zu vertreten.

Nach Auffassung der Vorbereitungsgruppe kann die Entwicklung eines Leitbildes auf der einen Seite die Stärken des Verbandes benennen und bündeln und auf der anderen Seite die Schwächen, an denen gearbeitet werden muss, aufzeigen.

3.1.1. Erstes Ergebnis der Leitbildentwicklung

Ein erster Schritt zur Entwicklung dieser Identität als Dachverband war die Entwicklung von Leitsätzen für die AGfJ.

Leitsätze sind allgemeine Kernaussagen, die grundlegende Werte, Ziele, Merkmale und Erfolgskriterien der AGfJ festlegen. Sie bestimmen das Verhältnis der AGfJ zu zentralen Ziel- und Bezugsgruppen wie z.B. den Mitgliedsverbänden, den an Jugendverbandsarbeit interessierten Jugendlichen und den ehrenamtlichen AGfJ-Aktivist/innen im Vorstand, den Arbeitskreisen, den SeminarteilnehmerInnen und den Jugendaustauschmaßnahmen. Die Leitsätze sollen die spezifische Kompetenz der AGfJ, die Stärken und die Vielfältigkeit nach außen und nach innen verdeutlichen. An diesen Leitsätzen kann sich die AGfJ mit ihrer aktiven Arbeit selbst messen.

Der Rückschauende Ausblick der AGfJ – ein Wochenendseminar

Die Leitsätze sollten nach Planung der Vorbereitungsgruppe auf dem RA an einem Wochenende im September 2000 von Delegierten, dem Vorstand, Aktiven und dem Bildungsreferenten in folgenden Schritten erarbeitet werden:

1.Schritt:
In Kleingruppen zu jeweils zwei Personen werden Sätze zu den Erwartungen und Wünschen an die AGfJ formuliert: „Wir wollen, dass die AGfJ..."

2.Schritt:
Im Gesamtplenum werden die Ergebnisse am Metaplan zusammengetragen und diskutiert. Anschließend werden inhaltliche Cluster gebildet und Überschriften zu jedem Cluster formuliert.

3.Schritt:

Jede/r formuliert für sich alleine zu jeder Überschrift, zu jedem Cluster einen (oder mehrere) Leitsatzentwurf, der für ein Selbstverständnis der AGfJ Allgemeingültigkeit haben könnte.

4. Schritt:

Im Plenum werden alle Leitsatzentwürfe vorgestellt. In einer gemeinsamen, ausführlichen Diskussion versucht die Gruppe, sich auf Leitsätze für die AGfJ zu einigen.

Allen Beteiligten wird noch einmal verdeutlicht, dass dieses Ergebnis ein Vorläufiges ist, der Anfang und der Einstieg in einen lang andauernden Prozess. Es ist jederzeit möglich, die Sätze hervorzuholen und neu zu diskutieren, zu verändern oder zu ergänzen. Dies nimmt die Angst, sich womöglich auf Sätze zu verständigen, die irgendwann einmal vielleicht keine Gültigkeit mehr haben könnten.

Zwischenergebnis

Auf dem RA wurden in kleinen Arbeitsgruppen nun nach den eben beschriebenen Schritten Sätze formuliert, in denen Ansprüche an die AGfJ entwickelt werden sollten. Die Sätze sollten mit „Wir wollen, dass die AGfJ...“ beginnen. Die Ergebnisse wurden nun in der Gesamtgruppe am Me-

taplan vorgestellt, gesammelt und in Cluster sortiert. Zu jedem Cluster wurde nun eine Überschrift formuliert. Hier die Zwischenergebnisse:

1) **Interessenvertretung und Informationsfluss: Wir wollen, dass die AGfJ....**
 - die Interessen ihrer Verbände vertritt
 - Informationen transportiert
 - bei allen Jugendlichen, die in ihr organisiert sind, bekannt ist, und diese wissen, was dort passiert und wie sie sie nutzen können
 - nicht in Konkurrenz zu den Mitgliedsverbänden steht

2) **Verbandsübergreifende Aktionen: Wir wollen, dass die AGfJ...**
 - inhaltliche Arbeit macht
 - politische Jugendbildung anbietet
 - Seminarangebote macht, die für die Verbände offen stehen und dort auch bekannt gemacht werden

3) **Service: Wir wollen, dass die AGfJ...**
 - direkte Unterstützung einzelner Verbände durch (wo)man-Power bietet
 - Service für JGL durch „Hardware" (Methoden, Materialien etc.) bietet
 - in den Verbänden arbeitet
 - Räumlichkeiten und Material stellt
 - mehr Öffentlichkeitsarbeit macht, um die Verbände bekannter zu machen
 - Tauschbörse und Infosammelplatz für alle wird

4) **Jugendverband AGfJ: Wir wollen, daß die AGfJ...**

- Experimentierfeld sein kann
- Jugendaustausche organisiert
- sich nach außen öffnet und neue Verbindungen schafft
- offen ist für alle Jugendliche (Zweigleisigkeit Verbände – Aks)
- auch StudentInnen die Möglichkeit gibt, Seminare anzubieten
- Jugendlichen Räume öffnet

5) **Aufträge: Wir wollen, dass die AGfJ...**

- auf bezirklicher Ebene arbeitet
- auf die Verbände zugeht und neuen Kontakt zu ihnen aufnimmt
- den Büro-Umzug als Neustart nutzt
- den 1.12. (30 Jahre AGfJ) als „Tag der offenen Tür" nutzbar macht

6) **Wir wollen, dass die AGfJ Spaß macht!**

Nun sollte von jedem und jeder zu jedem Cluster, ausgehend von den „Wir wollen, dass die AGfJ..." - Sätzen, Leitsätze für die AGfJ formuliert werden, die für ein Selbstverständnis der AGfJ Allgemeingültigkeit haben könnten.

Einigung auf allgemeingültige Leitsätze

Nach der Einzelarbeit wurden die verschiedenen Leitsatzentwürfe nun zusammengetragen. Nach langer Diskussion, dem Verwerfen und Zusammenfügen verschiedener Satzentwürfe wurde sich in der Gruppe schlussendlich gemeinsam auf folgende Leitsätze geeinigt:

- Die AGfJ engagiert sich als Dachverband für Hamburger Jugendverbände, unterstützt sie in ihrer Arbeit und vertritt ihre Interessen.

- Die AGfJ gibt „kleinen" Jugendverbänden die Möglichkeit, große Projekte durchzuführen.

- Die AGfJ sucht die Zusammenarbeit mit anderen Jugendverbänden.

- Die AGfJ vertritt die politischen Interessen der Jugendverbände.

- Die AGfJ vermittelt Kontakte und organisiert Hilfe bei Problemen in der Jugendverbandsarbeit.

- Die AGfJ fördert die Vernetzung und den Informationsfluß zwischen den Verbänden und darüber hinaus.

- Die AGfJ stellt Räumlichkeiten, Informationen und Material für Jugendarbeit zur Verfügung.

- Die AGfJ organisiert und unterstützt politische, interkulturelle und ökologische Jugendarbeit.

- Die AGfJ bietet Seminare und JGL-Kurse an und organisiert internationale Jugendbegegnungen.

- Die AGfJ gibt Jugendlichen Raum, sich selbst zu organisieren.

- Die AGfJ bildet weiter und ist ein Experimentierfeld.

- Die AGfJ bietet Jugendlichen die Möglichkeit, aktiv zu werden und neue Erfahrungen zu sammeln.

- Die AGfJ macht Spaß!

Diese Leitsätze, die von allen am RA beteiligten Personen gemeinsam beschlossen wurden, sollten Grundlage einer Diskussion auf der nächsten DV sein. Alle Anwesenden waren mit diesem Zwischenergebnis sehr zufrieden und hofften, dass aus den Verbänden Reaktionen auf das ausgiebig diskutierte Ergebnis kommen wird. Alle hatten das Gefühl, einen wichtigen und guten Schritt in eine Richtung gemacht zu haben, an dessen Ende ein klares Gesamtprofil der AGfJ mit einem von allen empfundenen „Wir-Gefühl" und deutlichen, von allen getragenen Zielvorstellungen, Arbeitsaufträgen und Maßstäben steht!

Es wurde diskutiert, was mit den Leitsätzen weiter passieren soll. Klar war, dass sie der Beginn eines gemeinsamen Prozesses sein, sich stets verändern und weiterentwickeln sollen und können. Der Vorstand sollte sich mit dem Ergebnis einen Rahmen für die eigene Arbeit setzen. Für die Jahresplanung des darauffolgenden Jahres sollten die Leitsätze Orientierungspunkte sein, an denen sich das inhaltliche Angebot ausrichten sollte. Erste Schritte im Bereich der Öffentlichkeitsarbeit z.B. durch einen neuen Flyer u.ä. sollten im Vorstand diskutiert werden.

3.1.2. Weiterentwicklung der Leitsätze

Auf dem Rückschauenden Ausblick der AGfJ im Herbst 2001 wurden die Ergebnisse der Leitbildentwicklung aus dem Jahr 2000 erneut hervorgeholt und diskutiert.

Ziel war es, die Leitsätze zu überarbeiten und noch genauer am Profil der AGfJ zu orientieren. Der Vorstand der AGfJ, BildungsreferentInnen, die FÖJlerin, die Delegierten und die Praktikantin diskutierten an zwei Tagen in Kleingruppen und im Gesamtplenum ausführlich die Leitsätze, hinterfragten diese und formulierten sie z.T. neu. Zudem wurde der Versuch unternommen, bei der Jahresplanung für die Saison 2002 die formulierten Leitsätze quasi als Auftrag zu verstehen und von ihnen Angebote und Anforderungen abzuleiten.

Die Ergebnisse wurden zum Abschluss von allen gemeinsam beschlossen. Die Ergebnisse sollten bei einer kommenden beschlussfähigen DV diskutiert und verabschiedet werden. Hier die Ergebnisse:

Politische Interessensvertretung durch die AGfJ

- Die AGfJ engagiert sich als Dachverband für Hamburger Jugendverbände.

- Die AGfJ vertritt die Interessen der Jugendverbände, fördert deren Zusammenarbeit und setzt sich für die Belange von Kindern und Jugendlichen ein.

Service und Beratung durch die AGfJ

- Die AGfJ fördert die Vernetzung und den Informationsfluss zwischen den Verbänden und vermittelt Kontakte sowie konkrete Unterstützung in der Jugendverbandsarbeit.

- Die AGfJ gibt „kleineren" Jugendverbänden die Möglichkeit, größere Projekte durchzuführen.

- Die AGfJ stellt Räumlichkeiten, Informationen und Material für Jugendarbeit zur Verfügung.

Bildungsarbeit durch die AGfJ

- Die AGfJ unterstützt politisches, interkulturelles und ökologisches Interesse von Jugendlichen und bietet Fortbildungen, Seminare, Jugendleiterinnen-Kurse und internationale Jugendbegegnungen an.

Jugendverband AGfJ

- Die AGfJ gibt Jugendlichen die Möglichkeit, selbstorganisiert aktiv zu werden.

- Die AGfJ bietet Raum für Ideen, Kreativität und „Experimente".

Oberstes Ziel der AGfJ

- Die AGfJ macht Spaß!

Mit der Weiterentwicklung der Leitsätze verbanden die Teilnehmenden des Rückschauenden Ausblicks 2001 die Hoffnung, dass aus dieser konkrete Ergebnisse in der Außendarstellung der AGfJ, der gesamten Struktur des Verbandes und in den Angeboten an die Aktiven erwachsen würden.

Wie in 3.3. ausführlicher dargestellt, haben ein neues Logo und eine neue Selbstdarstellung in Form eines Flyers sowie die Überarbeitung der Homepage vor dem Hintergrund der Diskussion um das Selbstverständnis der AGfJ zu konkreten Qualitätsverbesserungen in der Außendarstellung der AGfJ geführt. Zudem ist durch die Leitbildentwicklung innerhalb der AGfJ ein klareres Bewusstsein über den Charakter der AGfJ als Dachverband für die Mitgliedsverbände und als Jugendverband mit Gruppenarbeit in Arbeitskreisen erwachsen. Diskussionen um die stärkere Einbindung der Ehrenamtlichen und Aktiven in den Arbeitskreisen in die Entscheidungsgremien der AGfJ waren die Folge (siehe 3.3.), was u.a. zu einer stärkeren Identifizierung mit der AGfJ als Ganzes und damit verbunden zu intensiverem Engagement auch über den jeweiligen Arbeitskreis hinaus geführt hat.

Schließlich sollte sich das durch die Leitsätze dezidierter formulierte Selbstverständnis auch in den konkreten Angeboten an die Aktiven wiederspiegeln. Konkret heißt dies, dass die Angebote klarer auf die jeweiligen Zielgruppen zurechtgeschnitten wurden. Die Service-, Beratungs- und Coachingangebote sind den Mitgliedsverbänden klarer als konkretes Angebot zur Hilfestellung an sie vermittelt worden, die Fort- und Weiterbildungsangebote z.B. richteten sich gezielt an die GruppenleiterInnen in den Verbänden sowie ebenfalls an die jeweiligen Leitungen der Arbeitskreise.

Mit der Weiterentwicklung der Leitsätze verbanden die Teilnehmenden zudem den Wunsch, dass die Leitsätze möglichst im Jahresrhythmus erneut von allen in der AGfJ Aktiven auf zukünftigen Rückschauenden Ausblicken, Klausurtagungen oder Delegiertenversammlungen diskutiert, überprüft und ggfls. weiterentwickelt werden.

3.2. Auswirkungen auf die Qualität der Arbeit in der AGfJ

Durch den Beginn einer Leitbildentwicklung in der AGfJ hat sich die Qualität der Arbeit in vielerlei Hinsicht verbessert:

Ein zentraler Punkt ist, dass durch die Leitbildentwicklung innerhalb der AGfJ bei allen Beteiligten – den Delegierten, im Vorstand, den Hauptamtlichen und bei den in den Arbeitskreisen Aktiven - ein klareres Bewusstsein über den zweigleisigen Charakter der AGfJ entstanden ist.

Dass die AGfJ als Dachverband für die Mitgliedsverbände Service-, Beratungs- und Coachingleistungen anbietet und ihre Interessen z.B. im Landesjugendring vertritt, war im allgemeinen Bewusstsein verankert. Ebenso war es allen Beteiligten klar, dass es eine Aufgabe der AGfJ war und ist, Fort- und Weiterbildungsangebote in Form von JULEICA-Kursen, Seminaren und Veranstaltungen zu organisieren.

Was durch die Leitbilddiskussion neu in das Bewusstsein der Beteiligten gerückt ist und sich in der Formulierung der Leitsätze wiederfindet, ist die Rolle der Arbeitskreise innerhalb der AGfJ. Waren diese vorher in erster Linie als inhaltliche Arbeitskreise, in denen Beteiligte aus den Verbänden innerhalb des gemeinsamen Dachverbandes zusammenarbeiten, verstanden worden, wurde während der Beschäftigung mit dem Leitbild deutlich, dass die Arbeitskreise mittlerweile anders zu bewerten sind:

Sie sind Ausdruck der Tatsache, dass die AGfJ neben der Funktion eines Dachverbandes auch als quasi Jugendverband in den Arbeitskreisen ein „Eigenleben" entwickelt hat. Ein Eigenleben, in dem Gruppenarbeit in erster Linie an dem inhaltlichen Thema orientiert stattfindet. Die Beteiligten kommen nicht mehr in erster Linie aus den Mitgliedsverbänden, sondern sind ganz einfach Jugendliche und junge Erwachsene, die sich mit dem AK und dem dazugehörigen Thema identifizieren, z.B. mit dem Wunsch, einen Jugendaustausch mit Nicaragua oder mit Israel zu machen, oder aus der Motivation heraus, zum Thema Umweltschutz oder Antirassismus zu arbeiten. Diese Akler/innen identifizieren sich erst in zweiter Linie mit der AGfJ als Dachverband.

Das Akzeptieren dieser Entwicklung und das Formulieren dieser Erkenntnis in Form eines eigenen Abschnittes in den Leitsätzen („Jugendverband AGfJ") hatte verschiedene Entwicklungen zur Folge, die im Rückblick als sehr positiv zu bewerten sind:

Zum einen fand durch die DV eine faktische Aufwertung der Arbeitskreise statt, es wurde explizit der Wunsch geäußert, dass Vertreter/innen der AKs regelmäßig an den DVs teilnehmen sollten, weil schlicht und einfach starkes Interesse an der Arbeit vorhanden ist. Aktuell wird sogar ein Modell diskutiert, in dem die AKs selbst Delegierte mit Stimmrecht zu den DVs schicken dürfen.

Zum anderen sind durch diese Entwicklungen und die verstärkte Einbindung in Entscheidungsstrukturen der AGfJ die Beteiligten der AKs näher an die Gesamt-AGfJ gerückt. Dies hat zur Folge, dass sich die Mitglieder in den verschiedenen AKs mittlerweile wieder mehr auch als AGfJler fühlen. Deutlich wird dies u.a. an der regen Beteiligung an Fort- und Weiterbildungsseminaren durch Mitglieder aus den AKs. So gibt es mittlerweile einen großen Stamm an JULEICA-Inhaber/innen der AGfJ, die aus den Arbeitskreisen kommen und sich nach den Austauschen auch in anderen Bereichen der AGfJ engagieren, da sie sich als AGfJler fühlen. Die starke Beteiligung von Aktiven aus den AKs an den übergreifenden Aktionen der AGfJ, z.B. bei Großveranstaltungen wie „Fisch und Gräte", der Jugendmesse Hamburger Jugendverbände, oder bei den antirassistischen Aktionstagen (respekt) der AGfJ und des PBN, ist weiteres Indiz für die gestiegene Identifikation mit dem Gesamtverband.

Die spürbar stärkere Identifizierung der Aktiven aus den AKs und den Mitgliedsverbänden mit der AGfJ in ihrer Vielfalt als Ganzes hat deutlich sichtbar zu einem verstärkten Engagement vieler Jugendlicher und junger Erwachsener in der AGfJ geführt, was zu einer deutlichen Verbesserung in der Qualität der Arbeit geführt hat.

Das durch die Leitsätze dezidierter formulierte Selbstverständnis spiegelt sich auch in den konkreten Angeboten an alle Aktiven wieder. Konkret heißt dies, dass die Angebote klarer auf die jeweiligen Zielgruppen zugeschnitten wurden. Die Service-, Beratungs- und Coachingangebote sind den Mitgliedsverbänden der AGfJ klarer als konkrete Dienstleistung durch ihren Dachverband vermittelt worden und werden regelmäßig von ihnen in Anspruch genommen. Die Entwicklung eines neuen Fortbildungsangebotes, die Samstagswerkstatt, die ca. drei Mal im Jahr in Kooperation mit den Falken angeboten wird, ist ein Angebot, welches sich gezielt an die Gruppenleiter/innen in den Verbänden sowie ebenfalls an die jeweiligen ehrenamtlichen Leitungen der Arbeitskreise richtet. Hier gibt es inhaltliche und methodische Fortbildungen, die unmittelbar auf die Bedürfnisse der Gruppenleiter/innen ausgerichtet sind.

So gab es z.B. eine Samstagswerkstatt mit dem Thema „Sexualpädagogik", welche von dem gesamten Team der AG Jugendweihe, einem Mitgliedsverband der AGfJ, besucht wurde, da sie auf ihren Frühjahrsseminaren mit den Jugendweihe-Absolvent/innen das Thema „Sexualität" behandeln wollten.

Ein weiteres Beispiel ist, dass an einer Samstagswerkstatt zum Thema „Interkulturelles Lernen" nahezu der gesamte Arbeitskreis Nicaragua der AGfJ teilgenommen hat, da sich dieser kurz vor dem Besuch in der Partnerstadt Leon befand. Die Samstagswerkstätten und JULEICA-Kurse haben sich zudem zu Orten entwickelt, an denen sich Aktive aus den AKs und Aktive aus den Verbänden kennen lernen. Das genauere Bewusstsein über den Charakter der AGfJ hat zu einem zielgerichteteren Angebot in der Bildungsarbeit der AGfJ geführt.

Der Beginn der Leitbilddiskussion in der AGfJ hat zudem zu einer Qualitätsverbesserung in der Außendarstellung der AGfJ geführt. Die bis dahin sehr vernachlässigte Homepage wurde komplett erneuert und benutzerInnenfreundlich umgestellt, so dass seit nunmehr drei Jahren eine in aller Regel aktuelle und sich stets auf dem neusten Stand befindende Homepage ein wichtiges Medium der Öffentlichkeitsarbeit ist.

Des weiteren wurde unmittelbar nach der Entwicklung der Leitsätze eine neue Selbstdarstellungsbroschüre der AGfJ erarbeitet. Die schön aufgemachte Broschüre erklärt auf verschiedenen Seiten die unterschiedlichen, sich auch in den Leitsätzen wiederspiegelnden Facetten der AGfJ. Ausgehend von der Rolle als Dachverband mit den Service- und Beratungsmöglichkeiten für die Mitglieder über die Fort- und Weiterbildungsangebote bis hin zu der Arbeit in den Arbeitskreisen mit den damit verbundenen Möglichkeiten von Jugendaustauschen, vermittelt die Broschüre mit vielen Fotos und klarer inhaltlicher Aufteilung ein erfrischendes und übersichtliches Bild der AGfJ.

Die Entwicklung dieser Broschüre wurde zum Anlass genommen, zudem ein neues Logo und ein neues Schriftbild für die AGfJ zu etablieren. Dieses Logo und das neue Schriftbild finden sich seitdem nicht nur in der Broschüre wieder, sondern vermitteln nun auch über den Briefkopf auf dem Briefpapier, auf der Homepage, auf Flyern und sonstigen AGfJ-Veröffentlichungen das neue Gesicht der AGfJ.

Dieses gesamte neue Erscheinungsbild hat - einhergehend mit den o.a. Veränderungen aufgrund der Leitbilddiskussion - zu einer einheitlicheren und besseren Außendarstellung und Wahrnehmung der AGfJ in der Öffentlichkeit geführt.

3.3. Perspektiven

Wie in den vorangegangenen Abschnitten dargestellt, hat sich die AGfJ in den Jahren 2000 und 2001 viel mit dem eigenen Selbstverständnis in Form der Entwicklung von Leitsätzen beschäftigt. Diese Auseinandersetzung hatte langfristig - wie ebenfalls dargestellt – vielfältige Verbesserungen in der Qualität der Arbeit zur Folge. Diese Verbesserungen wurden in den vergangenen Jahren schrittweise umgesetzt. Von Anfang an war klar, dass die Leitbilddiskussion ein stetig fortlaufender Prozess sein würde, da sich auch die AGfJ in ständigem Wandel befindet, sei es durch neue Ehrenamtliche, durch Veränderungen im Vorstand, durch neue Mitgliedsverbände, durch neu entstehende Themenschwerpunkte oder durch gesellschaftliche Veränderungen.

Es hat in der AGfJ im vergangenen Jahr einen nicht unerheblichen Wandel in der Mitgliederstruktur gegeben: ein Verband ist ausgetreten, ein Verband hat sich aufgelöst, zwei neue Verbände sind Mitglied geworden, zwei weitere haben Interesse, Mitglied zu werden. War das Büro in den vergangenen Jahren in erster Linie ein Ort, an dem die AKs, der Vorstand und die BildungsreferentInnen arbeiteten und kommunizierten, wird das Büro mittlerweile von drei Mitgliedsverbänden ebenfalls als Verbandsbüro genutzt. Kooperationen mit anderen Jugendverbänden, wie z.B. den Falken und dem PBN, sind als feste Institutionen zum AGfJ-Profil dazugekommen.

Diese einschneidenden Veränderungen bewogen den Vorstand, das Thema „Leitsätze der AGfJ" erneut auf einer DV zu behandeln. Im Frühjahr 2004 wurden die Leitsätze der AGfJ, die im Herbst 2001 diskutiert wurden, erneut behandelt und schließlich von der DV einstimmig beschlossen. Dies war verbunden mit dem Wunsch, die Leitsätze der AGfJ im Herbst 2004 erneut auf einer Art „Rückschauenden Ausblick" auf die Tagesordnung zu setzen und zu überprüfen, ob sie den veränderten Mitgliederverhältnissen in der AGfJ gerecht werden, sie ggfls. zu verändern und aus ihnen konkrete Arbeitsaufträge für die Saison 2005/2006 abzuleiten. Des weiteren ist die Erstellung eines neuen Flyers, der auf die Veränderungen in der AGfJ reagiert, in Planung.

Es hat sich einmal mehr gezeigt, dass Leitsätze eine gute Grundlage sind, um den jeweiligen Stand der eigenen Arbeit zu überprüfen, Ziele neu zu formulieren und auf Veränderungen schnell und adäquat zu reagieren.
Die Diskussion um die Leitsätze hat die AGfJ in den vergangenen Jahren in ihrer Arbeit begleitet und klarer, zielgerichteter und transparenter werden lassen und wird dies sicherlich auch in Zukunft tun!

Kontakt: Arbeitsgemeinschaft freier Jugendverbände in Hamburg e.V. (AGfJ); Alfred-Wegener-Weg 3; 20459 Hamburg; Tel: 040/316568; Fax: 040/3171013; mail@agfj.de; http://www.agfj.de

Anker setzen!
Leitbild und Corporate Identity

4. Anker setzen! – Leitbild und Corporate Identity

In Kapitel 3 wurde ausführlich am Beispiel der AGfJ beschrieben, wie der Prozeß einer Leitbildentwicklung in der Praxis aussehen kann. Im Vorfeld des Prozesses in der AGfJ zeigte sich, dass es nur wenig ausführliche Konzepte der Entwicklung von Leitbildern speziell für die Jugendverbandsarbeit gibt und dass dieser Mangel an praktischen „Fahrplänen" zur Entwicklung eines formulierten Leitbildes eine große Lücke darstellt.

Das Konzept der „Corporate Identity" kann in der Jugendverbandsarbeit ein hilfreiches Instrument sein, ein Leitbild zu entwickeln und dadurch die Qualität der Arbeit langfristig zu sichern und zu verbessern. Es bietet sich an, da es ein ganzheitliches Konzept ist und verschiedene Bereiche beinhaltet, die das Profil eines Verbandes angehen. So spielen die inhaltlichen Schwerpunkte eines Verbandes ebenso eine Rolle wie die gewachsene Verbandskultur, die Kommunikation und das Verhalten im Verband und das gesamte Bild des Verbandes durch Logos, Layout und Design.

Der Bund der Deutschen Katholischen Jugend (BDKJ), der selbst eine Öffentlichkeits- und Imagekampagne auf Grundlage eines Konzeptes zur Corporate Identity durchgeführt hat, schreibt hierzu: „Corporate Identity ist (...) kein Instrument unter anderen, sondern die Grundlage und Methode, auf der bzw. mit der eine Organisation zugleich ihr Innenleben gestaltet und sich nach außen präsentiert." (BDKJ, 1999, S.71)

Dieter Herbst hat in seinem Buch „Corporate Identity" (Herbst, Berlin, 1998) ein ausführliches Konzept zur Corporate Identity vorgestellt, welches sich gut zur Entwicklung von Leitbildern in Jugendverbänden nutzen läßt. Dieses Konzept, das sich in dem Buch in erster Linie auf die Entwicklung von „unverwechselbaren Unternehmensidentitäten" bezieht, wird in den Abschnitten in diesem und dem folgenden Kapitel auf die Leitbildentwicklung in Jugendverbänden übertragen und dient als Grundlage der vorgestellten Überlegungen (vgl. Kapitel 1.2.).

In dem Corporate Identity-Konzept von Herbst wird die Identität einer Organisation in einem systematischen Prozeß bewusst gemacht und mit den Wünschen und Erwartungen der Mitarbeiter und Mitarbeiterinnen und dem Organisationsumfeld verglichen. Auf der Basis dieser Erkenntnisse wird entschieden, ob das gemeinsame Selbstverständnis neu in Form eines Leitbildes formuliert wird und wie dies passiert.

Nach dem Corporate Identity-Konzept kann die angestrebte Identität durch verschiedene Instrumente (Erscheinungsbild, Kommunikation und Verhalten) nach innen und nach außen transportiert werden.

4.1. Bedeutung und Herkunft

Im Bereich der Unternehmensberatung und -führung wird der professionellen Entwicklung von ganzheitlichen Leitbildern schon seit Jahrzehnten eine sehr hohe Bedeutung zugemessen. Nicht zuletzt der immer stärker werdende Druck auf dem Markt führt dazu, dass Unternehmen versuchen, ihren Kunden, den Lieferanten, den Behörden und Finanzgebern, aber auch den eigenen Mitarbeitern und Mitarbeiterinnen durch eine einzigartige, unverwechselbare Identität Orientierung und Sicherheit zu bieten und sich von anderen Unternehmen abzuheben. Ein überzeugendes Erscheinungsbild nach innen und nach außen kann jedoch nur der vermitteln, der um seine Stärken und Schwächen weiß. Um diese ganz dezidiert formuliert herauszuarbeiten hat sich in den 1970er Jahren ein ganzheitliches, strategisches Konzept entwickelt, in dem Design, Verhalten und Kommunikation eines Unternehmen ineinander verschmolzen: das Konzept der Corporate Identity.

„Corporate" bedeutet Kooperation, Verein, Gruppe, Unternehmen, Zusammenschluß, „Identity" heißt Identität und steht für das Selbstverständnis der Organisation.

Der Gastprofessor an der Hochschule der Künste Berlin, Prof. Dr. Dieter Herbst, hat in seinem Buch „Corporate Identity" einen umfassenden Einblick in das, was Corporate Identity ist und was sie bezweckt, formuliert und zudem sehr brauchbare Tips zusammengefasst, wie eine unverwechselbare Identität für eine Organisation entwickelt werden kann.

Herbst weist darauf hin, dass sich das aus der Wirtschaft kommende Konzept der Corporate Identity gerade auch für kleine Verbände und Vereine wirksam nutzen lässt und genutzt werden sollte:

„Vereine und Verbände unterstreichen ihre Ziele und sichern sich dadurch die Unterstützung von potentiellen Geldgebern und Mitgliedern" (ebd. S.17).

Er kritisiert, dass die Chancen der Corporate Identity insbesondere von sozialen und karitativen Einrichtungen, Parteien, Gewerkschaften und kulturellen Institutionen viel zu wenig genutzt würden, obwohl die Größe der Organisation keine Rolle spiele. Im Gegenteil hätten kleinere und überschaubare Organisationen sogar eher die Möglichkeit, Corporate Identity zu entwickeln, da die Entscheidungswege kürzer sind und sie genauer wissen, wo ihre Stärken und Schwächen liegen (ebd.).

Gerade vor dem Hintergrund, dass jeder Jugendverband eine eigene, sehr ausgeprägte, oft jedoch „nur" gefühlte Verbandsidentität hat, die ihn für die Mitglieder und auch nach außen unverwechselbar macht, erscheint eine systematische Formulierung dieser Identität umso sinnvoller. Sinnvoller nicht zuletzt deshalb, um die Chance zu nutzen, sich durch einen einheitlichen, schlüssigen

Auftritt nach innen und nach außen noch besser darzustellen und sich dadurch deutlicher vom Dschungel vielzähliger Freizeitangebote für Jugendliche und Kinder abzuheben.

An den folgenden Fragen sollte sich nach Herbst die Entwicklung des Selbstverständnisses und der Verbandsidentität orientieren:

- Wie sehen wir uns?
- Wie werden wir von anderen gesehen?
- Wie würden wir uns gerne sehen?
- Wie wollen wir von anderen gesehen werden?
- Wie würden die anderen uns gerne sehen? (ebd. S.14)

Der Corporate Identity-Prozess ist ein ganzheitlicher Prozess. Er sollte alle Beteiligten und das Umfeld eines Verbandes einbeziehen ebenso wie das Erscheinungsbild, die Kommunikation und das Verhalten nach innen und nach außen. Planloser Aktionismus wie z.B. ein schickes neues Logo bringt gar nichts, der Prozess sollte im Gegenteil systematisch geplant sein und auch Widerstände und Widersprüche offensiv und ehrlich thematisieren und aktiv einbeziehen. Zudem ist der Corporate Identity-Prozess kontinuierlich und reagiert möglichst unmittelbar auf gesellschaftliche Veränderungen und auf Veränderungen in der Jugendverbandsarbeit und im Verband selbst. Dies beinhaltet, dass der Prozess langfristig sein sollte, da sich das gewünschte Bild in der Öffentlichkeit und das gemeinsame Selbstverständnis auch nur langfristig entwickelt (vgl. S. 15f). Warum sollte das Leitbild z.B. nicht jedes Jahr auf der Klausurtagung oder der Jahresplanungskonferenz neu Thema sein und der Überprüfung der eigenen Arbeit dienen?!

4.2. Die Ziele

Allgemein benennt und bündelt die Leitbildentwicklung die Stärken des Verbandes auf der einen Seite, auf der anderen Seite werden die Schwächen und Probleme innerhalb des Verbandes deutlich, an denen gearbeitet werden muss.

Die Entwicklung eines Leitbildes im Jugendverband verfolgt zudem Ziele nach innen und nach außen.

Die Ziele nach innen

Durch die Entwicklung eines Leitbildes soll bei den Ehrenamtlichen, den Aktiven, den Mitgliedern, dem Vorstand, kurz: bei allen Beteiligten ein möglichst geschlossenes Bild des gesamten Verbandes entstehen. Das dadurch entstehende „Wir-Gefühl" erhöht die Identifikation mit dem Verband und steigert die Motivation sich im Verband zu engagieren (vgl. ebd., S.17f):

- durch die gemeinsame Leitbildentwicklung werden die Prozesse und Strukturen im Verband für alle greifbarer und transparenter
- alle Beteiligten fühlen sich mit ihren Wünschen, Erwartungen und Bedürfnissen ernst genommen
- die Partizipation in Grundsatzfragen im Verband wird gestärkt
- alle arbeiten auf ein gemeinsames Ziel hin bzw. stehen für die gleichen Werte ein
- ein geschlosseneres Bild des Verbandes entsteht
- der Verband kann neue Ideen, Wünsche und Anregungen der Mitglieder unmittelbar in das Selbstverständnis einfließen lassen und auf Veränderungen schneller reagieren
- unterschiedliche Arbeitsschwerpunkte im Verband können sich besser aufeinander beziehen

- Handlungsspielräume im Verband können sich vergrößern
- das möglichst entstehende „Wir-Gefühl" führt zu größerer Identifikation mit dem Verband und dadurch zu stärkerem Engagement für die Ziele
- die Zufriedenheit aller Beteiligten steigt

Die Ziele nach außen

Für den Verband hat die Entwicklung eines Leitbildes nach außen hin die Funktion, sich aus der Menge von Freizeitangeboten im Bereich der Kinder- und Jugendarbeit hervorzuheben und zu einem positiven Wiedererkennungswert beizutragen (vgl. ebd., S.20f):

- ein unverwechselbares, charakteristisches Image ermöglicht es dem Verband, aus der Anonymität hervorzutreten und wiedererkannt zu werden
- er profiliert sich mit einem positiven Bild bei der Zielgruppe (potentielle Mitglieder), aber auch in der öffentlichen Wahrnehmung allgemein (Eltern, Schule, Nachbarschaft, Behörden, Geldgeber etc.)
- ein positives Bild des Verbandes nach außen schafft langfristig Sympathie und Vertrauen, die Ziele des Verbandes werden dadurch von den Zielgruppen eher unterstützt

- die Zielgruppen schließen schon aufgrund einzelner positiver Merkmale auf den gesamten Verband
- Hemmschwellen, sich an den Verband zu wenden, können niedriger werden
- je mehr Informationen über den Verband bekannt sind, desto besser kann sich ein positives Bild formen
- neue Mitglieder können gewonnen werden
- die Vernetzung mit anderen Organisationen wird erleichtert

4.3. Verbandskultur und Leitbild als Bestandteile der Corporate Identity

Die Bestandteile von Corporate Identity eines Verbandes setzen sich aus der Verbandskultur und dem Leitbild des Verbandes zusammen. Die Verbandskultur beinhaltet die gewachsenen und gelebten Werte, Normen und Grundannahmen eines Verbandes, das Leitbild setzt sich nach Herbst aus der Leitidee, den Leitsätzen und dem Motto zusammen (vgl. ebd., S.29ff).

Die Verbandskultur

Jeder Verband hat eine eigene gewachsene Verbandskultur, es ist nicht möglich, keine Verbandskultur zu haben.

In der Geschichte des Verbandes entwickelte und entstandene Werte und Normen, von Verbandsgeneration zu Verbandsgeneration weiter getragene Rituale sowie gelebte Denk- und Verhaltensmuster und ein bestimmter Umgangsstil im Umgang miteinander prägen die Mitglieder und Aktiven eines Verbandes nachhaltig im gemeinsamen Verbandsalltag, in ihren Aktivitäten und in ihren Entscheidungen.

Die Verbandskultur wird deutlich in der Art der Hierarchien, im Umgang mit Konflikten, in der Atmosphäre auf Treffen und Sitzungen, darin, ob Teamarbeit im Vordergrund steht oder das Einzelkämpfertum, in der Transparenz von Entscheidungen, den gemeinschaftlichen Ritualen, dem Informationsfluß, dem Verhalten untereinander, im vorhandenen Spaß bei Aktionen und Freizeiten usw. In der Verbandskultur wird deutlich, dass jeder Verband in seiner Art einzigartig ist, einen unverwechselbaren, historischen Background hat und von ganz unterschiedlichen Menschen mit ihren Wünschen, Erwartungen und Ideen geprägt wurde.

Diese unverwechselbare Verbandskultur ist die Grundlage, die einzigartige Basis der Verbandsidentität (vgl. ebd. S.25).

Jeder Arbeitsbereich eines Verbandes, sei

es ein Arbeitskreis, ein inhaltlicher Schwerpunkt oder eine geplante Fahrt, sollte sich des gemeinsamen Ursprungs in der Verbandskultur bewusst sein, um den „gemeinsamen Faden" nicht zu verlieren und Konflikte zu vermeiden.

Das Wissen um diese unverwechselbare Verbandskultur ist notwendige Voraussetzung dafür, im Verband etwas ändern zu können. Widersprechen die Veränderungsvorschläge der Verbandskultur in großem Maße, wird es sicherlich zu Konflikten kommen. Beispiele können z.B. die Diskussion um das Tragen der Pfadinder- und Pfafinderinnen-Kluft in einem Pfadiverband oder die Diskussion um ein neues Verbandslogo sein.

Dabei sollte nicht vergessen werden, dass die gesellschaftlichen Veränderungen auch Einfluss auf die Jugendverbandsarbeit haben. Der Erfolg und die Attraktivität von Angeboten der Jugendverbände ist auch abhängig davon, inwieweit es gelingt, die veränderten Interessen, Anforderungen und Wünsche von Jugendlichen und Kindern an die Freizeitgestaltung in die eigene Verbandskultur mit einzubeziehen.

Nach Herbst erkennt Corporate Identity die aktuell gelebte Verbandskultur an, vergleicht sie mit den Wünschen und Anforderungen der Mitglieder und des Umfeldes und entwickelt hieraus „eine auf die Zukunft gerichtete" Verbandsidentität, die in einem „Leitbild formuliert und verbindlich niedergeschrieben ist" (ebd. S.28).

Das Leitbild

In dem Leitbild wird die angestrebte Identität eines Verbandes formuliert. Wie schon oben dargestellt, basiert das Leitbild auf der gelebten unverwechselbaren Verbandskultur und den Wünschen und Erwartungen der Mitglieder und unterschiedlicher Zielgruppen. Dabei entspringt das Leitbild der Verbandskultur, wirkt jedoch auch auf sie zurück, beide stehen quasi in einer sich gegenseitig beeinflussenden Beziehung zueinander.

„Das Leitbild bestimmt den Kurs (...). Es steckt den Rahmen für künftiges Handeln durch einen Katalog von Kriterien ab, der Werte und Bekenntnisse (...) enthält und Normen für das Verhalten setzt. Ist die gewachsene und gelebte (Verbands-)Kultur auf Vergangenheit und Gegenwart bezogen, ist das Leitbild auf die Zukunft gerichtet" (Herbst, 1998, S.29).

Herbst beschreibt die Vorteile eines verbindlich formulierten Leitbildes insbesondere dadurch, dass für alle Beteiligten eine gemeinsame Grundlage für ein einheitliches Verhalten geschaffen wird. Dadurch können zudem Fehlentwicklungen und Unsicherheiten – egal auf welcher Ebene - frühzeitig erkannt und gegebenenfalls korrigiert werden. Durch die entstehende Transparenz, die ein verbindlich formuliertes Leitbild schafft, welches aus der gemeinsamen Verbandskultur entspringt, haben alle Beteiligten die Möglichkeit durch ihr Verhalten zum Erreichen der Ziele des Verbandes beizutragen. Alle Bereiche eines Verbandes können sich in ihrer spezifischen Arbeit besser auf die gemeinsame „Verbandsplattform" beziehen – alle ziehen somit an einem Strang! Dies kann die schlüssigere und geschlossenere Außendarstellung des Verbandes mit Sicherheit verbessern (ebd. S.29 f).

Das Leitbild setzt sich zusammen aus der Leitidee, in der der Sinn des Verbandes ausgedrückt wird, aus den Leitsätzen, in denen allgemein gültige Kernaussagen des Verbandes formuliert sind, und dem Motto, welches alles in einem griffigen Slogan zusammenfaßt.

Teil 1 des Leitbildes: Die Leitidee

Vor jeder Neugründung eines Verbandes ist bei den Gründern und Gründerinnen eine Idee vorhanden, eine Vorstellung davon, warum der Verein oder der Verband ins Leben gerufen wird. Einige haben eine bestimmte Vorstellung vom PfadfinderInnen-Leben, einige wollen Schüler- und Jugendzeitungen effektiver fördern und unterstützen, andere wollen die Kultur ihres Herkunftslandes pflegen und bekannter machen, andere wiederum wollen mit anderen zusammen politisch gegen Rassismus aktiv werden (ebd. S.32).

Die Leitidee beschreibt ganz explizit den Sinn eines Verbandes, warum der Verband überhaupt existiert und warum dieser für potentielle Mitglieder überhaupt von Interesse sein kann. In der Leitidee wird eine möglichst „umsetzbare Vision" des Verbandes präzise zusammengefaßt.

Die interessierte Öffentlichkeit möchte schließlich wissen, warum es Sinn machen könnte, diesen Verband überhaupt zu unterstützen oder gar Mitglied zu werden.

Die junge gemeinschaft (jg), ein Hamburger Verband, der offen ist für alle Kinder, Jugendliche und junge Erwachsene, hat im Frühjahr 2004 in einem Wochenendseminar zum Thema Selbstverständnis der jg z.B. ihre Leitidee folgendermaßen formuliert:

„junge gemeinschaft bedeutet Spaß, Freunde treffen, Zeltlager, Unternehmung und Gruppengefühl, politisches und soziales Engagement!"

In einem einzigen Satz wird in dieser Leitidee für Außenstehende deutlich, warum es attraktiv sein könnte, sich in der jg zu engagieren.

Teil 2 des Leitbildes: Die Leitsätze

Die „umsetzbare Vision", also die Leitidee eines Verbandes, wird nun in Leitsätzen konkretisiert.

In den Leitsätzen werden grundlegende

Werte, angestrebte Ziele und Wünsche eines Verbandes in allgemein gültigen Kernaussagen formuliert.

Sie präzisieren die Leitidee eines Verbandes so, dass für Mitglieder des Verbandes ebenso wie für Außenstehende deutlich wird, wie und mit welchen Methoden die Leitidee eines Verbandes umgesetzt werden soll. In den Leitsätzen werden die spezifischen Stärken und Merkmale eines Verbandes benannt. In ihnen wird eine Vorstellung davon ersichtlich, wie das Leben in dem Verband aussehen kann, in welchen Schwerpunktbereichen sich der Verband engagiert, auf welche Dinge in der Gruppe Wert gelegt wird, was den Verband ganz besonders auszeichnet.

Dabei ist es wichtig zu wissen: „Leitsätze sind allgemein gehalten, damit sie auf alle Bereiche (...) zutreffen. Nach Bekanntgeben der Leitsätze konkretisieren die einzelnen Bereiche und Ressorts diese in Handlungsrichtlinien (...) Sie sind so formuliert, dass erwartetes Handeln erkennbar ist (...)." (ebd., S.34)

Das Beispiel der jungen gemeinschaft verdeutlicht, wie die Leitidee mit aussagekräftigen, allgemein gültigen Leitsätzen konkretisiert wird:

Die jg ist ein Hamburger Verband, der offen ist für alle Kinder, Jugendliche und junge Erwachsene und ihnen die Möglichkeit bietet, ihre Freizeit aktiv zu gestalten und eigene Ideen zu verwirklichen.

Die jg organisiert Zeltlager, Freizeiten und Seminare.

Die jg bietet Gruppen für Kinder und Jugendliche, die sich regelmäßig treffen und gemeinsame Aktivitäten und Unternehmungen planen, die auch gruppenübergreifend stattfinden.

Die jg fördert soziales Verhalten, solidarisches Handeln, Zivilcourage und Toleranz. Sie bietet die Möglichkeit, die eigene Meinung zu äußern. Wichtige Belange werden gemeinschaftlich entschieden.

Die jg mischt sich ein:
- sie greift aktuelle gesellschaftliche Themen auf und setzt sich für soziale, ökonomische und ökologische Gerechtigkeit ein
- sie ist für eine Welt ohne Rassismus
- sie vertritt die Interessen der Kinder und Jugendlichen

(Leitsätze der jg vom 10.04.2004)

Teil 3 des Leitbildes: Das Motto

Zu guter letzt ist es nun noch sinnvoll, sich ein geeignetes Motto für den Verband zu überlegen, da die Leitidee und die Leitsätze oft doch so lang sind, dass es schwer ist, sich diese zu merken.

Ein plakatives, kurzes und prägnantes Mot-

57

to kann sich ebenso gut in der Öffentlichkeit als Verbandskennzeichen einprägen wie z.B. ein gutes Logo.

Ein gutes Beispiel hierfür ist das Motto des FC St. Pauli von 1910:

„FC St. Pauli - Non established since 1910"

Es spielt damit ein Markensiegel zu sein, bezieht sich auf das Gründungsdatum und weist zudem mit viel Witz auf die „Andersartigkeit" des Vereins und der gesamten Fankultur hin.

4.4. Die Umsetzung in die Praxis

Es gibt drei verschiedene Instrumente, mit denen das Leitbild nach innen und außen vermittelt wird:

- das einheitliche, visuelle Erscheinungsbild (auch Corporate Design genannt)
- die strategisch geplante, widerspruchsfreie Kommunikation nach innen und außen (auch Corporate Communikations genannt)
- das schlüssige, mit dem Leitbild übereinstimmende Verhalten (auch Corporate Behaviour genannt)

Nach Herbst ergibt sich demnach folgender Zusammenhang:

- Die Verbandskultur ist die unverwechselbare Basis der Verbandsidentität!
- Die Verbandsidentität wird formuliert im Verbandsleitbild!
- Das Leitbild besteht aus der Leitidee,

den Leitsätzen und dem Motto!
- Diese sind Basis für das Design, die Kommunikation und das Verhalten und werden durch diese Instrumente transportiert!

(vgl. Herbst, S.38)

Das einheitliche, visuelle Erscheinungsbild

Die Identität und das Selbstverständnis eines Verbandes wird durch ein möglichst schlüssiges, einheitliches, visuelles Erscheinungsbild z.B. auf Flyern, Briefpapier, der Homepage, in Anzeigen, der Verbandszeitung etc. transportiert.
Ein Jugendverband, der sich mit sportlicher Betätigung beschäftigt, wird dies in Schrifttypus, Logo, den Farben etc. ebenso aus-

drücken können wie ein eher traditioneller Pfadfinderverband. Es gibt eine breite Palette von Ausdrucksmöglichkeiten im Erscheinungsbild nach außen.

Mögliche Bestandteile des Erscheinungsbildes sind konstante Gestaltungselemente wie z.B. ein markantes Logo, eine für den Verband typische Farbe oder Schrifttype:

1) Das *Logo* ist das optische Aushängeschild eines Verbandes, es soll Aufmerksamkeit auf sich ziehen, leicht wiederzuerkennen sein und eine positive, ansprechende Ausstrahlung haben. Logos sind unterteilt in Bildmarken, Wortmarken und kombinierte Marken.

- *Bildmarken* sind Symbole, die im Zusammenhang mit dem Verein oder dem Verband eine besonders wichtige Stellung haben. Ein gutes Beispiel ist hier einmal mehr der FC St. Pauli: Der Totenkopf auf schwarzem Grund wird als Symbol in der Regel mit dem Fußballclub in Verbindung gebracht. Ein gutes Beispiel aus der Jugendverbandsarbeit ist z.B. der stilisierte Falke auf blau-rotem Grund, der als Symbol für die Sozialistische Jugend Deutschlands – Die Falken weit über die Jugendverbandsszene hinaus einen hohen Bekanntheitsgrad hat.

- *Wortmarken* sind die grafisch gestaltete Form eines Verbands- oder Vereinsschriftzuges. Der Schriftzug der AGfJ, der im Zuge der Leitbildentwicklung neu entstanden ist, ist ein gutes Beispiel für Wortmarken. Der Schriftzug wurde mit einer neuen Schrifttype versehen. Zudem weisen drei „(Sonnen-) Strahlen" vom Punkt auf dem Buchstaben j nach oben. Sie sollen Ideen, Offenheit, Innovation und eine positive Grundhaltung des Dachverbandes verkörpern.

- *Kombinierte Marken*, also eine Kombination aus Bild- und Wortmarke, werden in der Regel verwandt. Beispiele sind hier die Jugendfeuerwehr Hamburg, die das Kürzel JF mit dem Hamburgwappen und einem Schriftzug der Jugendfeuerwehr Hamburg kombiniert, oder der PBN, der den Bären mit dem Blatt verbindet, die Verbindungslinie ist der Rahmen, auf dem der Vereinsname steht.

2) Eine typische *Farbe* ist ein weiteres wichtiges, leicht einzuprägendes Wiedererkennungsmerkmal eines Verbandes oder Vereines. Man denke nur an die hohe Bedeutung und den wichtigen Identifikationsfaktor, den die Vereinsfarben von großen Sport- und Fußballclubs für die Fans der jeweiligen Vereine haben. Auch für Jugendverbände können spezielle, immer wiederkehrende Farben zu einem Wiedererkennungswert und einer Identifikation führen.

3) Auch eine typische *Schrifttype* kann das Selbstverständnis eines Vereins oder Verbandes ausdrücken.

Herbst merkt jedoch an, dass das Erscheinungsbild die Verbandsidentität lediglich transportiert, diese jedoch nicht schafft:

„Das Corporate Design ist Form, aber kein Inhalt." (ebd., S.39)

Idealtypisch ist natürlich ein Erscheinungsbild, in dem sich der jeweils spezifische Inhalt und Sinn eines Verbandes mit seinen Werten, Ideen und Vorstellungen auf dem ersten Blick wiedererkennen bzw. ableiten läßt.

„Corporate Design ist visuelles Konzentrat eines inhaltlichen Konzeptes, einer Weltanschauung, eines gesellschaftlichen Auftrages, eines Parteiprogramms, einer religiösen Glaubensrichtung, eines sozialen Entwurfs, eines Unternehmensleitbildes, kurzum: eines formulierten Selbstverständnisses – egal, ob es sich um Unternehmen, Institutionen, Kirchen, Parteien, Städte, Messen oder Kongresse handelt." (ebd., S.39)

Dabei ist es wichtig, dass das Erscheinungsbild dem Selbstverständnis dauerhaft entsprechen kann und nicht aus Modegründen kurzfristigen Trends folgt.

Zudem ist es sinnvoll, wenn das Erscheinungsbild ebenso wie das Leitbild in regelmäßigen Abständen überprüft wird und sich gegebenenfalls gesellschaftlichen oder verbandsinternen Veränderungen anpasst.

Die strategisch geplante Kommunikation

Das Leitbild eines Verbandes wird durch eine strategisch geplante, widerspruchsfreie Kommunikation in die Verbandsstrukturen hinein und für die interessierte Öffentlichkeit nach außen effektiv vermittelt.

Es werden dabei folgende Mittel genutzt:

- *die Werbung*
- *die Öffentlichkeitsarbeit allgemein und*
- *das Sponsoring.*

Wichtig ist bei der strategisch geplanten Kommunikation, dass möglichst alle Bereiche aufeinander abgestimmt sind und ein einheitliches, mit dem Leitbild übereinstimmendes Konzept ergeben.

Es ist sicherlich sinnvoll, wenn unterschiedliche Arbeitsbereiche eines Verbandes in der Werbung und der Öffentlichkeitsarbeit eigene, dem Arbeitsbereich entsprechende Akzente setzen. Es ist jedoch hilfreich, wenn der Bezug zum Gesamtverband erkennbar bleibt, damit die direkte Wiedererkennung mit dem positiven Bild des Gesamtverbandes nicht verloren geht.

In der Verbandsarbeit werden für die *Werbung* in der Regel Ausschreibungen, Flyer oder Plakate genutzt. In selteneren, weil zu kostspieligen Fällen werden Anzeigen o.ä. geschaltet. Auf jeden Fall ist es notwendig, die Werbung so zu konzipieren, dass in der Art der Gestaltung, der Sprache und der Aufmachung für die Zielgruppen auf Dauer ein positiver Wiedererkennungswert entsteht. Regelmäßig eingesetzte Gestaltungsinstrumente wie Logo, Schrifttyp und Farbe unterstützen dies.

Es ist demnach sinnvoll, sich für Seminar- oder Veranstaltungsreihen, für immer wiederkehrende Fahrten oder Zeltlager, für Großveranstaltungen usw. ein langfristig nutzbares, aus dem Leitbild hergeleitetes Werbe-Konzept zu überlegen, damit die Hemmschwelle sinkt, sich an den Angeboten zu beteiligen.

Auch ein in sich schlüssiger Flyer zur Selbstdarstellung des Verbandes, in dem Ziele, Aktionen und Angebote des Verbandes vorgestellt werden, ist sehr sinnvoll und kann eigentlich bei allen Gelegenheiten der Eigendarstellung nützen.

In der *Öffentlichkeitsarbeit* eines Verbandes sollte die Kommunikation nach innen und nach außen gut organisiert sein:
Alle Angebote des Verbandes sollten auch allen Mitgliedern bekannt sein. Mitgliederzeitungen, die Verbands-Homepage, Rundbriefe, EMail-Verteiler oder ganz schlicht die Infowand im Büro oder Verbandshaus sind regelmäßig gepflegt und auf dem neusten Stand zu sein. Die Verbindung zum Leitbild des Verbandes sollte im Sinne eines einheitlichen und geschlossenen Erscheinungsbildes auch nach innen optisch in jedem Bereich

umgesetzt werden.
Für die Öffentlichkeitsarbeit nach außen können regelmäßige Pressemitteilungen über Aktionen und Veranstaltungen hilfreich sein, ebenso sollten allgemeine Email-Verteiler, die eigene Homepage oder z.B. auch die des Landesjugendringes genutzt werden. Infotische zur Selbstdarstellung des Verbandes können auf größeren Veranstaltungen, Straßen- oder Stadtteilfesten und Aktionstagen ebenso Teil der Öffentlichkeitsarbeit nach außen sein, wie z.B. das Platzieren von Interviews im Stadtmagazin, in der Wochenzeitung oder dem freien Radio. Auch bei all diesen Möglichkeiten der Öffentlichkeitsarbeit sollte das einheitliche Erscheinungsbild eine Rolle spielen.

Ziel der Öffentlichkeitsarbeit für den Verband ist es allgemein, ihn und seine Ziele bekannter zu machen und das Vertrauen und die Sympathie langfristig aufzubauen und zu stärken.

Eine in der Jugendverbandsarbeit selten genutzte, weil mit kommerziellen Interessen verknüpfte Möglichkeit ist die des *Sponsorings*. Dadurch, dass der Sponsor für seinen Namen im Zusammenhang mit der Aktion, der Veranstaltung, dem Konzert etc. werben darf, erhält der Verband Geld, Produkte oder Dienstleistungen. Wichtig ist es in diesem Zusammenhang darauf zu achten, dass die Aktion keine Werbeveranstaltung für den Sponsor wird, sondern sich ganz klar am Leitbild des Verbandes orientieren muss, damit der eigentliche Zweck der Veranstaltung nicht in den Hintergrund tritt.

Das mit dem Leitbild übereinstimmende Verhalten

Jeder Mensch wird nach seinem Verhalten beurteilt und nicht nach dem, was er mit Worten groß ankündigt. Ebenso ist es mit der Umsetzung des Leitbildes eines Verbandes in die Tat: reine Lippenbekenntnisse nützen gar nichts!
Die Mitglieder und auch die interessierte Öffentlichkeit werden den Verband anhand des Verhaltens im Ganzen beurteilen und nicht nach den Dingen, die sich dieser auf dem Papier vorgenommen hat. Zentraler Punkt ist, ob das Leitbild eines Verbandes auch in der Praxis gelebt wird!

Nach Herbst ist „zentraler Bestandteil der Corporate Identity (...) das konsequent an der Identität ausgerichtete Verhalten der Mitglieder (...)" (vgl. Herbst, S. 59).
Das Verhalten eines Verbandes wird u.a. daran gemessen, wie die Mitglieder im Verband miteinander umgehen, was für ein Ton herrscht, wie die Atmosphäre auf Treffen, Veranstaltungen, im Büro, im Vorstand, auf Freizeiten ist. Es wird daran gemessen, wie mit Konflikten umgegangen wird, wie

Probleme thematisiert werden und daran, wie transparent mit Entscheidungen und Strukturen umgegangen wird. Ebenso spielt die Art der Kommunikation mit der interessierten Öffentlichkeit, der potentiellen Zielgruppe, den anderen Verbänden, den Behörden eine Rolle.
Der Verband wird langfristig an dem Handeln und nicht an den Worten gemessen!
Haben die Mitglieder, die Zielgruppe und die Öffentlichkeit langfristiges Vertrauen in den Verband? In der Umsetzung des Leitbildes in ein schlüssiges, glaubwürdiges Verhalten liegt die Antwort.
In der Praxis stellt dieses Verhalten oft die größte Herausforderung für den Verband dar: ein neues Logo, ein paar neue Angebote und ein gut klingender Slogan auf der neu kreierten Homepage sind relativ schnell geschaffen. Die Ansprüche, die im Leitbild formuliert sind, jedoch in ein glaubwürdiges und schlüssiges Verhalten umzusetzen, ist umso schwerer, wenn auch nicht unmöglich. Denn:„Verhalten muss mühsam und langwierig erlernt, gelebt und ständig überprüft werden." (ebd., S.62)
Auch der Bund der Deutschen Landjugend beschreibt dies als zentralen Punkt im Umgang mit dem entwickelten Leitbild: „Jedes Leitbild will gelebt sein. Ohne Verwirklichung nach der Erstellung geht die gute Erfahrung schnell verloren und der alte Trott schleicht sich wieder ein. Der nächste Versuch wird nach dieser Erfahrung (es war ja doch nicht ernst gemeint) viel schwerer."

(BDL, 2000, S.88)

Es ist in diesem Zusammenhang also sinnvoll, das einmal entwickelte Leitbild in regelmäßigen Abständen (z.B. zu Klausurtagungen, Jahresplanungen etc.) erneut zu thematisieren und alle Bereiche, also das Erscheinungsbild, die Kommunikation und das Verhalten im Ganzen, mit der Verbandsrealität und der eigenen Arbeit zu vergleichen und zu überprüfen. Wenn das umgesetzt wird, werden die Bemühungen sicherlich langfristig von Erfolg gekrönt sein.

Volle Kraft voraus!
Praktischer Fahrplan zur Leitbildentwicklung

5. Volle Kraft voraus! – Praktischer Fahrplan zur Leitbildentwicklung

Im folgenden Kapitel wird Schritt für Schritt dargestellt, wie eine Leitbildentwicklung im Jugendverband konkret aussehen kann, von der Vorbereitung bis hin zur Erfolgskontrolle. Jede Übung, jeder Schritt ist genau skizziert. Um die Umsetzung in die Praxis noch transparenter zu machen, findet sich am Ende dieses Kapitels ein exemplarischer Ablaufplan einer Leitbildentwicklung am Beispiel eines Wochenendseminars.

Die einzelnen Schritte leiten sich überwiegend aus dem Konzept von Herbst ab, welches ausführlich im vorherigen Kapitel beschrieben wurde. Es deckt sich zudem z.T. mit den vom Bund der Deutschen Landjugend beschriebenen „Schritten einer Leitbildentwicklung:

1. Analyse der Organisationskultur / Verbandskultur
2. Rekonstruktion der Verbandsphilosophie / der verbandlichen Corporate Identity
3. Formulierung von Leitsätzen für ein Leitbild
4. Diskussion des Leitbildes im Verband
5. Fortschreibung des Leitbildes"

(BDL, 2000, S.88)

Wichtig ist diesem hier entwickelten Ansatz einer Leitbildentwicklung jedoch zudem, bezüglich der Umsetzung des Leitbildes auf die persönlichen, zeitlichen Kapazitäten der Ehrenamtlichen einzugehen und diese auch zu berücksichtigen.

5.1. Die Vorbereitung

Verschiedene Gründe können dazu führen, dass sich ein Verband entschließt, ein verbindlich formuliertes Leitbild zu entwickeln und die daraus folgenden Schritte im Bereich des Erscheinungsbildes, der Kommunikation und des Verhaltens zu gehen:

Identitätskrisen im Verband („Wer sind wir eigentlich?"), Mitgliederschwund, das Gefühl von planlosem Aktivismus und vergeudeten Kapazitäten, Probleme der inhaltlichen Ausrichtung der Aktivitäten, die Unzufriedenheit mit der Außendarstellung des Verbandes, eine neue Generation von Ehrenamtlichen, die Veränderungen diskutieren wollen usw. – die Gründe können vielfältigster Natur sein.

Möglicherweise gibt nach eingehenden Debatten eine Mitglieder- oder Delegiertenversammlung den Anstoß, sich mit der Verbandsidentität zu befassen, vielleicht schiebt der Vorstand eine Leitbildentwicklung an, möglicherweise gibt auch diese Broschüre den Anstoß, sich mit der Leitbildentwicklung zu befassen.

Wichtig ist es auf jeden Fall, sich darüber im Klaren zu sein, dass die Beschäftigung mit dem Leitbild das Einlassen auf einen langen Prozess bedeutet, einen Prozess, der zu sehr weitreichenden Veränderungen im Verband führen und manchmal auch auf Widerstände in den eigenen Strukturen stoßen kann. Um diese Widerstände möglichst gering zu halten oder auszuschließen, muss beachtet werden, dass alle Mitglieder des Verbandes in diesen Prozess mit einbezogen werden.

Es ist hilfreich, eine Vorbereitungsgruppe für den Prozess der Leitbildentwicklung einzurichten, z.B. aus Delegierten der Mitgliederversammlung und dem Vorstand. In dieser Vorbereitungsgruppe wird entschieden und koordiniert, wie die Leitbildentwicklung ablaufen soll:

- Mit welchem genauen Ziel soll die Leitbildentwicklung stattfinden?
- Wer soll an ihr konkret mitwirken? Der Vorstand und Delegierte aller Bereiche? Werden alle Mitglieder, Ehrenamtlichen und Aktiven des Verbandes einbezogen?
- Findet die Leitbildentwicklung an mehreren Abenden statt oder an einem Wochenende?
- Wo findet es statt?

- Wer kümmert sich um das Buchen der Räumlichkeiten?
- Wer organisiert die Verpflegung, die An- und Abreise?
- Welche Materialien werden gebraucht?
- Soll eine externe Moderation für die Leitbildentwicklung herangezogen werden oder nicht?
- Wie werden alle Beteiligten umfassend und gut über die Vorbereitung, die Entwicklung und die Ergebnisse der Leitbildentwicklung informiert?
- Was sind die Konsequenzen des Leitbildes für den Verband?
- Wie werden die Ergebnisse dokumentiert?
- Welche nächsten Schritte sind notwendig?
- Wer ist für die nächsten Schritte verantwortlich?

67

5.2. Die Durchführung

„Voraussetzung des eigentlichen Identitätsprozesses ist ein geordnetes, systematisch geplantes Vorgehen (...) Zu häufig werden Logos kreiert, Broschüren gestaltet und Fahnen gehisst, ohne die tatsächlichen Identitätsprobleme mit Bezugsgruppen aufzudecken." (Herbst, 1998, S. 71)

Es ist also sinnvoll, die Entwicklung eines Leitbildes und Selbstverständnisses in vier systematisch aufeinander aufbauenden Schritten durchzuführen:

1. Bestandsaufnahme der aktuellen Situation im Verband
2. Verbindliche Formulierung eines Leitbildes
3. Konkrete Umsetzung des Leitbildes
4. Ergebniskontrolle

In den folgenden Ausführungen wird die Leitbildentwicklung konkret am Beispiel eines Wochenendseminars beschrieben. Die in diesem fiktiven Beispiel vorgestellte Gruppe aus ca. 15 Aktiven eines Verbandes hat sich drei Tage Zeit dafür genommen, in einem Seminarhaus zu dem Thema Leitbild und Selbstverständnis im eigenen Verband zu arbeiten. Ein externer Referent wurde in einem Vorgespräch von der Vorbereitungsgruppe gebeten, die Leitbildentwicklung an dem Wochenendseminar zu moderieren.

Am Anfang: Die Bestandsaufnahme der aktuellen Situation im Verband

Vorweg: Aus der eigenen Seminarpraxis empfiehlt es sich immer, ein Wochenendseminar so zu planen, dass genügend Zeit für Pausen und Erholung vorhanden sind.

Gerade bei einem Thema wie der Leitbildentwicklung, bei der relativ viel auf der verbalen Ebene in Form von Arbeitsgruppen und in Diskussionen gearbeitet wird, ist es gut, sich im Vorfeld eine Reihe von kurzen (Bewegungs-)Spielen und Warm ups zu überlegen. Zu Beginn jeder Einheit sollten diese gespielt werden, um die Gruppe wieder wach und aufmerksam in die Einheit führen zu können. Zudem bieten sich viele dieser Spiele als gute Methoden gegen die Müdigkeit an, die lange Diskussionen oftmals mit sich bringen: ein peppiges Auflockerungs- und Bewegungsspiel zwischendrin wirkt oft Wunder und steigert zudem den gesamten Spaß für alle!

Zu Beginn einer Leitbildentwicklung ist es notwendig, möglichst alle an dem aktuellen Prozess beteiligten Personen auf einen gemeinsamen Stand zu bringen, über den Verlauf des Seminars zu informieren und allgemein für eine größtmögliche Transparenz zu sorgen. Wahrscheinlich sind alle Beteiligten mit eigenen Vorstellungen davon zu dem Leitbild-Seminar gefahren, was das denn nun eigentlich konkret heißt, an einer für sie noch wenig vorstellbaren Aktion wie der „Leitbildentwicklung" beteiligt zu sein.

Begrüßung und Einstieg

Zur Begrüßung wird demnach der Seminarablauf kurz für alle dargestellt, offengelegt, wie es zu diesem Seminar gekommen ist, wer den Auftrag dafür gegeben hat und was das konkrete Ziel ist. Ein Seminarplan als Hand-Out für alle oder als Wandzeitung zur Orientierung bietet sich zudem noch an.
Der Einstieg in das Seminar erfolgt nun damit, eine Grundlage für die Leitbildentwicklung zu erarbeiten und zwar in Form einer kurzen Bestandsaufnahme zu den Erwartungen und Befürchtungen der Beteiligten, zum aktuellen Bild des Verbandes durch die Teilnehmer/innen (TN) und zum persönlichen Engagement der TN.

1. Schritt: Erwartungen und Befürchtungen

Es werden die Erwartungen und Befürchtungen der TN erfragt.
Jede/r hat 10 Minuten Zeit, die Erwartungen und Befürchtungen auf unterschiedlich farbige Karten (z.B. grüne Karten: Erwartungen / rote Karten: Befürchtungen) zu schreiben.
Die Ergebnisse werden an einer Metaplanwand von jedem / jeder vorgestellt und anschließend von der Moderation kurz zusammengefaßt.
Durch das Erfragen der Erwartungen und Befürchtungen erfahren alle, nicht nur die Moderation, mit welchen Vorstellungen jede/r Einzelne persönlich zu dem Seminar gefahren ist.
Dies ergibt für die Moderation die Möglichkeit, auf spezielle Vorstellungen der TN im Laufe des Seminars noch gezielt eingehen zu können. In einem Fall wurde z.B. der Wunsch geäußert, an manchen Punkten des Seminars in Arbeitsgruppen zu arbeiten, die in eher ältere und eher jüngere Verbandsmitglieder aufgeteilt werden sollten, um die unterschiedlichen Erfahrungshorizonte einzubeziehen. Da die Altersspanne der TN sehr groß und der Verbandsbackground dadurch sehr unterschiedlich war, war dies ein guter Hinweis. Daraufhin wurde an verschiedenen Punkten des Seminars in diesen unterschiedlichen Arbeitsgruppen gearbeitet, die Ergebnisse jedoch anschließend wieder in der Gesamtgruppe zusammengeführt. Das Ergebnis des gesamten Seminars hat sich hierdurch eindeutig verbessert, da sich alle TN ernst genommen fühlten und ihre unterschiedlichen Herangehensweisen einbringen konnten.

69

2. Schritt: Was ist typisch für meinen Verband?

Anhand der Frage: „Was für Stichworte fallen mir ein, wenn ich an meinen Verband denke?" werden subjektive Äußerungen aller TN gesammelt.

Jede/r hat wieder 10 Minuten Zeit, um positive und negative Aspekte zum eigenen Verband in Stichworten auf Karten zu schreiben. Auch hier gilt: Ein Stichwort, eine Karte.

Die Ergebnisse werden an einer Metaplanwand mit aufgemalter „Emotionszwiebel" gesammelt. In der Mitte der Wand ist eine Zwiebel, der Kern. Um diesen gruppieren sich alle Stichworte, die mit Emotionen, Befindlichkeiten und Wertungen der Verbandswahrnehmung zu tun haben, z.B. „Viele Freunde" oder „Unproduktive Diskussionen". Je weiter es nach außen geht, desto eher werden die Stichworte geklebt, die sich mit strukturellen Ebenen oder Werten des Verbandes beschäftigen, z.B. „Gruppenarbeit" oder „Kluft tragen". Die Moderation clustert die Karten nach möglichst übersichtlichen Themenbereichen. Also: je näher wir an den Kern kommen, desto stärker ist die Gefühlsebene angesprochen, während nach außen hin (zur Schale) eher die weniger emotional aufgeladenen Themen gesammelt werden.

Mit dieser Methode ergibt sich relativ schnell ein umfassender Blick auf den Ist-Zustand des gesamten Verbandes, wie er aktuell von den beteiligten TN wahrgenommen wird. In der Regel finden sich alle Facetten wieder, die den Verband aktuell auszeichnen oder aber auch als Problemstellung beschäftigen. Die Moderation und alle aus der Gruppe haben mit dieser Methode die Gelegenheit zu erfahren, wie jede/r Einzelne den Verband sieht und wahrnimmt. Aus den Wahrnehmungen aller ergibt sich ein gutes und interessantes Bild des gesamten Verbandes.

3. Schritt: Wieviel kann ich überhaupt geben?

Anhand der Beschäftigung mit einem persönlichen Schaubild wird verdeutlicht, wieviel Zeit jede/r Beteiligte bereit ist, sich für den Verband ehrenamtlich zu engagieren.

Jede/r erhält einen „Engagements-Kreis", auf dem in Form eines Kuchens in verschiedene Felder (Kuchenstücke) die Bereiche Verbandsarbeit, Familie, Freunde, Hobbys, Schule, Job etc. eingezeichnet sind. Der Kuchen ist in einen inneren und äußeren Ring aufgeteilt. Nun soll jede/r im inneren Kreis eintragen, was er/sie sich vom jeweiligen Bereich erwünscht und erhofft zu bekommen, und ebenso im äußeren Kreis, was er/sie glaubt, was von diesem Bereich von ihm/ihr erwartet wird. Hierfür gibt es 30 Minuten Zeit. Im Anschluss wird der Kuchen ausgeschnitten, an eine Wandzeitung geheftet und in Form einer Ausstellung den anderen vorgestellt. (vgl. auch: Das Kursrad: „Transfer",

Der „Engagements-Kreis"

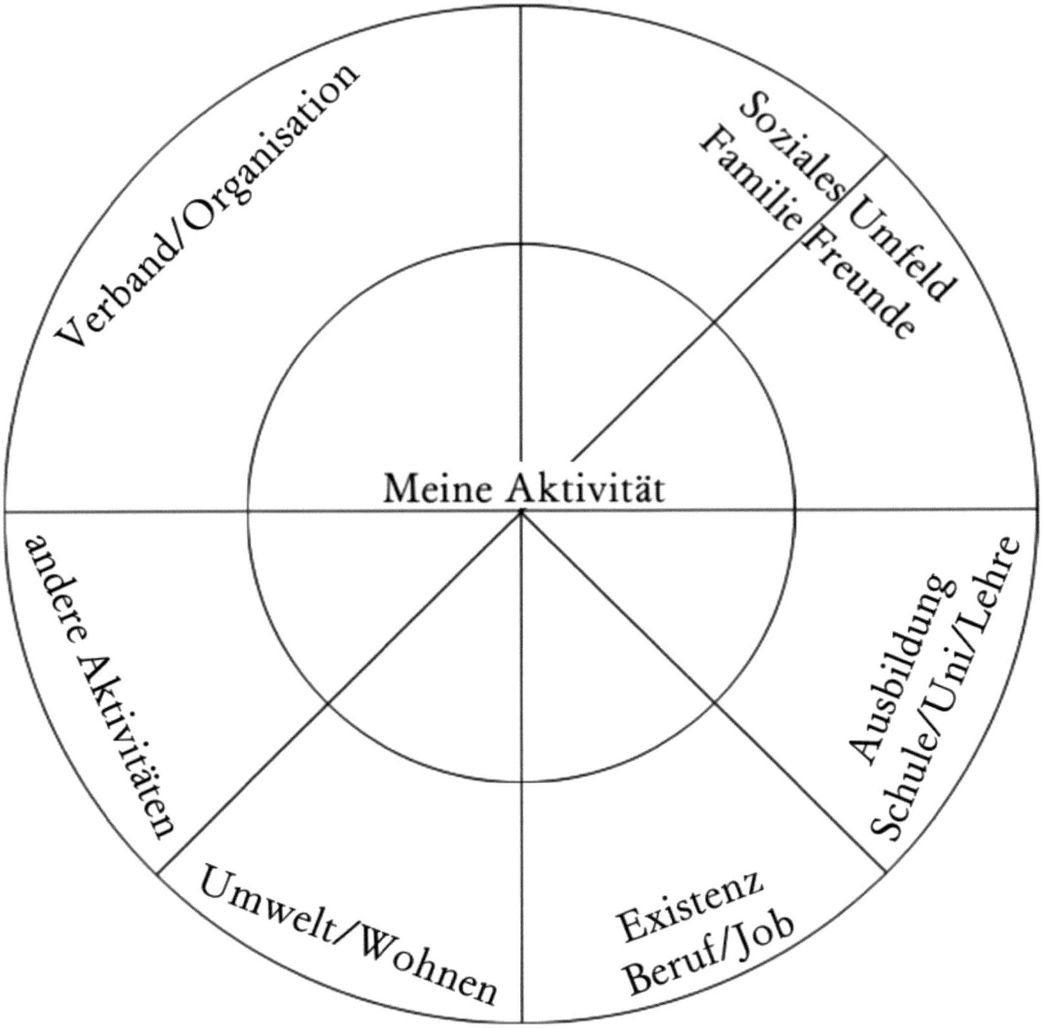

Verband/Organisation

Soziales Umfeld
Familie Freunde

Meine Aktivität

andere Aktivitäten

Ausbildung
Schule/Uni/Lehre

Umwelt/Wohnen

Existenz
Beruf/Job

71

Rabenstein / Reichel / Thanhoffer , 2001, Das Methodenset 4.C 18).

Diese Übung dient zum einen der Bewusstmachung, wieviel Zeit jede / r Einzelne eigentlich real für die Arbeit und das Engagement im Verband zur Verfügung hat, ganz konkret einsetzen kann und wie groß die Verpflichtungen sind, die durch andere Bereiche im Leben dazukommen.

Oftmals liegt das Scheitern von Projekten und Aktionen weniger an dem ernsthaften Willen der Ehrenamtlichen, sondern vielmehr an der falschen Einschätzung der realen Kapazitäten für das Engagement im Verband. Die Bewusstmachung kann dazu führen, sich besser abzugrenzen, Prioritäten zu setzen und verbindlichere Zusagen zu machen.

Zudem macht die Übung die jeweiligen Zeitkontingente für alle anderen transparent und deutlich. Jede/r weiß, inwiefern und in welchem Umfang er/sie von den anderen ehrenamtliches Engagement erwarten kann.

Durch diese Bestandsaufnahme in drei Schritten sind nun alle – die Moderation und die an der Leitbildentwicklung beteiligten TN – auf einem gemeinsamen Stand und wissen

- was jede/r von der Leitbildentwicklung erwartet bzw. befürchtet,
- wie der Verband im aktuellen Zustand von allen gesehen wird und
- wieviel jede/r Einzelne zur Umsetzung

der noch zu erarbeitenden Ergebnisse zur Verfügung hat.

Diese Ergebnisse sind eine wichtige Voraussetzung, um mit der konkreten Entwicklung eines Leitbildes überhaupt beginnen zu können.

Fragebögen oder Interviews als weitere Möglichkeit der Bestandsaufnahme

Im Zusammenhang mit der Bestandsaufnahme empfiehlt Herbst eine umfangreiche Analyse der Organisation, um Identitätsprobleme aufzudecken, sorgfältig zu formulieren und daraus die notwendigen Schritte abzuleiten. Er spricht sich dafür aus, die Informationen mit wissenschaftlichen Methoden zu erheben, um ein zuverlässiges Gesamtbild zu erhalten (Herbst, 1998, S.72 ff).

In einer internen und einer externen Analyse sollen dabei die Wünsche und Erwartungen der Mitglieder erfragt, Leistungen und Möglichkeiten der Organisation geprüft und das Erscheinungsbild bewertet werden. Als Methoden schlägt Herbst das leitfadengestützte Interview, standardisierte Fragebögen oder Polaritätenprofile vor (ebd., S.75 ff).

Das leitfadengestützte Interview, das lediglich durch einen groben Themenleitfaden strukturiert, ansonsten aber offen geführt wird, hat den Vorteil, dass die Befragten alles äußern können, was ihnen zu der Organisation einfällt. Somit werden viele Meinungen und Erwartungen erfasst, die sonst nicht geäußert werden. Der Nachteil liegt ganz klar im hohen Aufwand und in der eher schwierigen Vergleichbarkeit der Ergebnisse.

Im standardisierten Fragebogen kreuzen die Befragten die ihnen zutreffend erscheinenden Antworten an. Der Vorteil dieser Methode liegt in der vergleichsweise einfachen Durchführung und Vergleichbarkeit der Ergebnisse. Sie ermittelt jedoch kaum neues Wissen jenseits der Fragen und kann Antworten durch sogenannte Suggestiv-Fragen schon vorher beeinflussen („Bist du auch der Meinung, dass...").

Die dritte Methode, das Polaritätenprofil, besteht aus gegensätzlichen Eigenschaftspaaren (sympathisch / unsympathisch, transparent / nicht transparent, innovativ / nicht innovativ etc.), die auf einer Bewertungsskala z.B. von eins bis zehn markiert werden können, um eine Art Profil der Organisation zu erstellen.

Herbst empfiehlt in seinem Buch diese wissenschaftlichen Erhebungen natürlich in erster Linie als sinnvolle Methoden für Unternehmen und professionelle Organisationen. Dabei wird deutlich, dass dies sicherlich nicht ohne Weiteres auf die Verbandsszene

zu übertragen ist, da solche Studien zu zeitaufwendig und kostspielig sind.

Dennoch sind Versatzstücke dieser Methoden auch für die Leitbildentwicklung in Jugendverbänden zu empfehlen: Insbesondere größere Jugendverbände mit den entsprechenden personellen und finanziellen Kapazitäten sollten sich überlegen, ob nicht eine umfassende Analyse der Mitglieder und der Zielgruppen sinnvoll sein kann. Aber auch für kleinere Verbände kann eine gezielte Befragung der Mitglieder zu sehr aufschlussreichen Ergebnissen führen und notwendige Veränderungen und Wünsche offenlegen.

Alle drei Methoden können in diesem Zusammenhang hilfreiche Erkenntnisse für die Leitbildentwicklung, aber auch für die Planung des Verbandes allgemein bieten. Sie machen deutlich, in welchen Bereichen die Organisation Stärken und in welchen sie Schwächen hat. Bei der Auswertung der Umfragen sollten die Ergebnisse auch nach diesen Kriterien (Schwächen und Stärken) sortiert werden. Hieraus leiten sich Ansätze dafür ab, an welchen Punkten Neuerungen und Verbesserungen erwünscht sind und an welchen Punkten Bewährtes erhalten bleiben soll. Die Richtung und mögliche Ziele der Leitbildentwicklung werden deutlich.

Eine Mischform der drei Methoden – ein Teil standardisierte Fragen, ein Teil offene Fragen und ein Teil Polaritätenprofil – ist durchaus sinnvoll und vorstellbar.

Der erste Schwerpunkt: Die Formulierung eines Leitbildes

In der Bestandsaufnahme ist eine für alle transparente, gemeinsame Basis für die Leitbildentwicklung erarbeitet worden. Alle TN wissen von dem „Ist-Zustand" der anderen, an welchem Punkt sie gerade stehen, was sie erwarten, was sie über den Verband denken und was sie bereit sind zu „investieren".

Nun kommt es zu einer zentralen Phase in der Formulierung eines für alle verbindlichen, allgemein gültigen Leitbildes: die Entwicklung von Leitsätzen. Leitsätze sind allgemeine Kernaussagen, die grundlegende Werte, Ziele, Merkmale und Erfolgskriterien eines Verbandes festlegen und das Verhältnis zu zentralen Bezugs- und Zielgruppen des Verbandes bestimmen. In den Leitsätzen spiegelt sich das Selbstverständnis des Verbandes mit seinen angestrebten Visionen und gelebten Stärken wieder. An den Leitsätzen kann sich der Verband in seiner aktiven Arbeit messen lassen. Zudem kann aus den Leitsätzen abgeleitet werden, was diese konkret für die Arbeit mit Kindern und Jugendlichen und im Verband allgemein bedeuten. Diese Phase stellt die schwierigste der Leitbildentwicklung dar, da es einfacher erscheint als es ist, das Selbstverständnis aufzuschreiben: „Das Leitbild muss einerseits so allgemein formuliert sein, dass sich alle Mitarbeiter und externen Bezugsgruppen wiedererkennen können; andererseits müssen die Sätze so konkret sein, dass die einzigartige Identität (...) deutlich wird – und das gelingt häufig nicht." (Herbst, 1998, S.97)

Es ist wichtig, dass die Sätze einfach, präzise und gut verständlich sind, Fremd- oder Fachwörter vermieden und ansonsten erklärt werden und dass die Sätze konkret und glaubwürdig sind. Sie müssen den Verband anschaulich und einfach darstellen und dürfen keine allgemeinen Phrasen beinhalten.

1. Schritt: Was ist das Leitbild?

Am Anfang steht ein kurzer Input über Aufgaben, Ziele und Notwendigkeit der Leitbildentwicklung.

Auch wenn es schon beim Einstieg in das Seminar immer wieder um das Leitbild im allgemeinen geht, ist es zu diesem Zeitpunkt notwendig, den TN einen kurzen inhaltlichen Einstieg in das Thema Leitbild zu geben, um alle auf den gleichen Informationsstand zu bringen. Es muß deutlich werden, dass die TN in den folgenden Schritten selbst Antworten auf die Fragen entwickeln, wer sie sind, wie sie von anderen gesehen werden, wie sie sich gerne sehen würden, wie sie von anderen gerne gesehen werden wollen und wie andere sie gerne sehen würden. Es ist ebenso wichtig, über die Ziele des Leitbildes nach innen und außen zu informieren, wie darüber, dass die nächsten Schritte lediglich den Einstieg in einen langfristigen Prozess darstellen.

2. Schritt: Wir wollen, dass Verband XY...

In Kleingruppen zu zwei Personen werden Sätze zu den Erwartungen an den Verband formuliert: „Wir wollen, dass Verband XY...".

Je ein Satz, in dem alle Wünsche, Erwartungen, Selbstverständlichkeiten und Hoffnungen, die mit dem Verband in Verbindung gebracht werden, wird auf je eine Karte geschrieben. Es können beliebig viele Karten geschrieben werden.

Nach ca. 30 Minuten werden die Ergebnisse der gesamten Gruppe vorgestellt, an einer Wandzeitung zusammengetragen und von der Moderation in Zusammenarbeit mit der Gruppe zu Clustern bzw. übergeordneten Gruppen zusammengefügt. Gemeinsam wird zu jedem Cluster eine Zwischenüberschrift zur Strukturierung entwickelt (z.B. Werte, Freizeitaktivitäten, Serviceleistungen etc.). Die Diskussion an dieser Stelle kann zum Teil schon ausführlicher sein, sollte jedoch nicht ausufern, da die Diskussion nach dem nächsten Schritt am meisten Zeit beansprucht wird.

In diesem Schritt wird das gesamte Ideenpotential der Gruppe in Form eines strukturierten Brainstormings abgerufen. Neben den Wünschen und Utopien sollten auch die positiven Teile des „Ist-Zustandes" berücksichtigt werden. Die TN können also auch die Ergebnisse aus der Bestandsaufnahme als Anregung für ihre Sätze nutzen.

3. Schritt: Leitsatzentwürfe von allen

Jede/r TN formuliert zu jedem Cluster Leitsätze, die er / sie für druckreif hält und die Allgemeingültigkeit für das Selbstverständnis des Verband haben könnten.

In den meisten Fällen langt ein Satz pro Cluster, hin und wieder sind auch mehrere Sätze notwendig. Wichtig ist, dass jede/r versucht sich darauf zu konzentrieren, aus der Fülle der Ideen von Schritt zwei für jeden Cluster quasi die inhaltliche Essenz möglichst in je einem einzigen Satz zu formulieren. Jede/r hat hierfür ca. 45 Minuten Zeit.

Anschließend werden die entsprechenden Leitsatzentwürfe an einer Wandzeitung der Gesamtgruppe vorgestellt und erneut den im vorherigen Schritt formulierten Zwischenüberschriften zugeordnet.

Die Moderation sollte den TN an dieser Stelle deutlich machen, dass jede/r ganz konkret mit seinen/ihren Sätzen dazu beitragen kann, das Selbstverständnis des Verbandes für einen längeren Zeitraum präzise zu formulieren. Der Hinweis auf das hohe Maß an Mitbestimmung in Grundsatzfragen des Verbandes kann ein großer Motivationsfaktor bei dieser schwierigen Aufgabe sein.

4. Schritt: Einigung auf Leitsätze

In einer ausführlichen Diskussion (mind. eine Stunde) einigt sich die Gruppe auf Leitsätze, die von allen akzeptiert, befürwortet und getragen werden können.

In diesem Schritt kommt der Moderation erneut eine große Bedeutung zu: Sie muss dazu beitragen, dass aus den vielen verschiedenen Leitsatzentwürfen in der Diskussion einige wenige, von allen getragene Leitsätze werden. Hierfür ist die in den vorherigen Schritten vorgenommene Clusterung sehr sinnvoll, da sie thematische Gruppen vorstrukturiert.

Der Moderation kommt zu diesem Zeitpunkt auch die Rolle zu, an Punkten, an denen die Diskussion nicht weiterkommt, Vorschläge zur Diskussion zu stellen, die Wege aus der Sackgasse weisen. Es bietet sich z.B. häufig an, aus guten Satzstücken verschiedener Sätze einen gesamten guten Satz zusammenzufügen. Manchmal ist es auch sinnvoll, zu einem Cluster zwei oder gar drei Leitsätze zu formulieren, da der Themenkomplex recht groß ist. Nach ausführlicher Diskussion einigt sich die Gruppe gemeinsam auf die verschiedenen Leitsätze und verabschiedet sie als erstes wichtiges Ergebnis der Leitbildentwicklung.

Für die Diskussion sollte in der Planung ausreichend Zeit vorgesehen sein, da hier das erste konkrete Ergebnis erarbeitet und verabschiedet wird. Es ist nicht zu unterschätzen, was für eine große und wertvolle Bedeutung sechs oder sieben Leitsätze haben können, auf die sich eine Gruppe von Verbandsaktivisten/innen in stundenlanger Arbeit letztendlich gemeinsam verständigen konnten. Diese gemeinsam erarbeiteten Sätze sind in der Regel ein sehr wichtiger Teil einer gemeinsamen Arbeitsgrundlage im Verband und hat großen Einfluß auf die inhaltliche Gestaltung der zukünftigen Aktionen. Gerade die Tatsache, selbst an dem Prozess der Leitbildentwicklung beteiligt zu sein, erhöht die Identifikation mit den Ergebnissen und den sich daraus entwickelnden Maßnahmen erheblich.

5. Schritt: Leitidee und Motto

Jede/r formuliert auf einer Karte (z.B. grün) eine Leitidee, in der möglichst präzise der Sinn des Verbandes formuliert wird, und auf einer anderen Karte (z.B. orange) ein möglichst griffiges Motto, das dem Verband gerecht wird.

Nach 20 Minuten werden die Ergebnisse auf einer Wandzeitung „Leitidee" und einer Wandzeitung „Motto" zusammengetragen und diskutiert. Die Gruppe einigt sich auf die Formulierung einer Leitidee und auf ein Motto. Beide Ergebnisse werden ebenso wie die Leitsätze von der Gruppe verabschiedet. Für die Formulierung der Leitidee ist es hilfreich sich z.B. vorzustellen, dass auf einer Visitenkarte neben dem Verbands-Logo kurz und knapp der Sinn des Verbandes so dargestellt wird, dass jede / r sofort eine Vorstellung davon hat, was in dem Verband läuft. Oft ist die Leitidee zudem eine griffige Essenz aus den Leitsätzen. Das Motto sollte ebenso wie das Logo mehr eine Art inhaltlicher Blickfang sein, als dem Anspruch gerecht werden, alle Inhalte mit abzudecken.

Und nun?

Wenn nun nach langen Diskussionen, verworfenen und wieder aufgenommenen Vorschlägen und viel Kaffee die verbindliche Formulierung des Leitbildes zu einem Ergebnis geführt hat, kann sich die Gruppe kräftig auf die eigenen Schultern klopfen! Sie hat es geschafft, aus fünfzehn verschiedenen Meinungen und Vorstellungen über den eigenen Verband eine gemeinsame, von allen getragene Basis über das Selbstverständnis des eigenen Verbandes zu erarbeiten! Diese Basis hat nun die Form eines Leitbildes, aufgeteilt in verschiedene, druckreife, allgemeingültige Leitsätze, die die spezifischen Eigenheiten des Verbandes gut beschreiben, einer Leitidee und im günstigen Fall einem Motto.

Doch wie geht es jetzt weiter? Wie kann mit diesem Leitbild gearbeitet werden? Wie wird das Leitbild umgesetzt oder weiter transportiert?
Angenommen, ein Leitbildausschuss aus Delegierten und Vorstand eines größeren Verbandes hat dieses Leitbild entwickelt. In diesem Falle wäre der nächste Schritt der, der Mitgliederversammlung oder der Vollversammlung diesen Leitbildentwurf zu erläutern und zur Abstimmung zu stellen. Das gleiche gilt auch für kleinere Verbände, sofern die auf dem Seminar vertretene Gruppe nicht stimmberechtigt im Sinne der jeweiligen Satzungen ist.
In allen anderen Fällen kann direkt dazu übergegangen werden, die sich aus dem Leitbild ergebenden Schritte und Aufträge zu erarbeiten.

Der zweite Schwerpunkt: Die konkrete Umsetzung des Leitbildes

Nachdem das Leitbild erarbeitet wurde, stellt sich nun die Frage, wie dieses transportiert wird, an wen sich welche Maßnahmen richten sollen, wie diese aussehen und insbesondere, wer für die Umsetzung verantwortlich ist.
In diesem Zusammenhang ist es notwendig, klare Strukturen, Aufgabenstellungen und Verantwortlichkeiten zu schaffen und ganz explizit herauszuarbeiten,

-   an welche Bezugsgruppe sich das Leitbild jeweils richtet,

77

- mit welchen Instrumenten das Leitbild vermittelt werden soll,
- wie diese Instrumente eingesetzt werden sollen und
- wer für die jeweiligen Maßnahmen verantwortlich ist.

Nach Herbst muss z.B. unterschieden werden in interne und externe Bezugsgruppen (vgl. Herbst, 1998, S. 98), an die sich Maßnahmen in den Bereichen Erscheinungsbild, Kommunikation und Verhalten (vgl. Kapitel 4.4.) in unterschiedlichen Formen richten können.

Im Erscheinungsbild kann z.B. eine neue Selbstdarstellung in Form eines Flyers mit neuem oder überarbeitetem Logo der Versuch sein, das Leitbild nach innen und nach außen zu transportieren.

Die stärkere Beteiligung an verbandsübergreifenden Aktionen, Straßen- und Stadtteilfesten, die Umsetzung öffentlicher Diskussionsforen zu verbandsnahen Themen oder die Einrichtung eines öffentlichen Jugendtreffs für Interessierte können Schritte sein, das Leitbild im Bereich der strategisch geplanten Kommunikation zu vermitteln.

Die gezieltere Betonung der Teamarbeit im Vorstand, eine größere Transparenz in Entscheidungen oder eine Neugestaltung im Ablauf der Mitglieder- oder Delegiertenversammlungen können mögliche Ideen zur Umsetzung des Leitbildes im Verhalten des Verbandes sein.

Es gibt für die Umsetzung der Instrumente keine Patentlösung, dafür aber eine Menge Möglichkeiten, die ganz von der Motivation und dem Engagement der Ehrenamtlichen abhängen. Dafür ist es notwendig herauszuarbeiten, wer ganz konkret in welchem Umfang für die Umsetzung der jeweiligen Maßnahmen verantwortlich ist.

Ein Brainstorming kann helfen, diese verschiedenen Punkte in Bezug auf den jeweiligen Verband möglichst konkret herauszuarbeiten. Es soll nun der Bogen geschlagen werden von der Vision, dem Idealbild hin zur konkreten Praxis: Was bedeutet das Leitbild konkret für die Arbeit in unserem Verband? Die Ergebnisse werden nach Strukturen, Aufgabenstellungen und Verantwortlichkeiten strukturiert.

1. Schritt: Brainstorming „Anwendung der Leitsätze auf unterschiedliche Arbeitsbereiche des Verbandes"

Vor dem Hintergrund der entwickelten Leitsätze soll herausgefunden werden, was diese konkret für die verschiedenen Arbeitsbereiche des Verbandes bedeuten. Es ist wichtig darauf hinzuweisen, dass sich die Aufgabenstellung auf die schon vorhandenen Arbeitsbereiche des Verbandes bezieht, dass an dieser Stelle aber auch für völlig neue Ideen und Vorstellungen Platz ist. Die Gruppe macht in Einzelarbeit ein Brainstorming mit Kärtchen zu folgender Frage (20 Minuten):

„Welche Tätigkeiten, Aufgabenstellungen und Arbeitsbereiche ergeben sich aus den Leitsätzen konkret für die Arbeit...

- mit Kindern
- mit Jugendlichen
- im Verband allgemein (Vorstand etc.)
- ... "

Im Anschluss werden die Ergebnisse am Metaplan gesammelt und zu verschiedenen Arbeitsbereichen und Themenfeldern zusammengefasst. In der Regel kristallisieren sich an dieser Stelle schon verschiedene Arbeitsschwerpunkte heraus. Möglicherweise wird schon deutlich, zu welchen Themenbereichen es sich lohnt, eine Arbeitsgruppe einzurichten, die konkrete Schritte zur Umsetzung des Leitbildes in dem Arbeitsbereich erarbeitet.

Bei dem Leitbild-Seminar der jungen gemeinschaft (vgl. Kap.4) wurde zum Beispiel deutlich, dass ein großer Wunsch da war, neben den bisher üblichen Arbeitsbereichen Zeltlager und Kindergruppen gezielt und regelmäßig mit einem Angebot auf Jugendliche zuzugehen. Es wurde häufig die Idee genannt, einen Jugendtreff der jg im Stadtteil einzurichten, damit der Verband einen direkteren Zugang zu interessierten Jugendlichen eröffnen kann. Diese Idee war verbunden mit dem Wunsch, zum einen den ehrenamtlichen Jugendlichen der jg einen Anlaufpunkt zu bieten, zum anderen aber auch neue Jugendliche mit den Ideen und

Vorstellungen der jg in Kontakt zu bringen. Eine Umsetzung der Leitsätze im Bereich einer strategisch geplanten Kommunikation könnte die Folge sein.

Eine neue Selbstdarstellung durch einen Flyer war ein weiterer von vielen genannter Wunsch. Der neue Flyer könnte zu einem neuen visuellen Erscheinungsbild der jg beitragen, würde für die Mitglieder zur Identifikation wichtig sein und natürlich als Mittel der Werbung für den Verband von enormer Wichtigkeit sein. Zudem wären die Ideen Grundlage für ein einheitliches Konzept zur Öffentlichkeitsarbeit.

Um die Frage zu klären, wer nun konkret die anstehenden Aufgaben umsetzen wird, ist es notwendig, klare Verantwortlichkeiten zu benennen und verbindlich zuzuteilen.

2. Schritt: Wer ist für was verantwortlich?

Vor dem Hintergrund des in der Bestandsaufnahme erarbeiteten Engagements-Kreises prüft jede/r einzelne TN, wie viel Zeit für die jeweiligen in Schritt 1 erarbeiteten Arbeitsschwerpunkte investiert werden kann und welche Aufgaben verbindlich übernommen werden. Nach 15 Minuten werden die verbindlichen Zusagen zu der Metaplanwand aus Schritt 1 hinzugefügt.

An dieser Stelle entsteht zum einen ein deutliches Raster der Verantwortlichkeiten für unterschiedliche Aufgaben. In vielen Bereichen ergeben sich hier ganz klare Verantwortlichkeiten.

Zum anderen wird deutlich, in welchen Arbeitsbereichen es sinnvoll ist, erst einmal Arbeitsgruppen zu bilden, in denen die weiteren inhaltlichen und praktischen Schritte geplant werden, die für den betreffenden Arbeitsbereich notwendig sind. Die Arbeitsgruppen sind oftmals notwendig, da es nicht möglich ist, jeden Bereich bis ins Detail am Leitbild orientiert während des Seminars zu strukturieren und Verantwortlichkeiten zu delegieren.

Die Arbeitsgruppen haben nun die Aufgabe, ein inhaltliches Konzept mit den dazugehörigen Verantwortlichen für den jeweiligen Arbeitsbereich zu entwickeln. Die AG´s sollen durch ihre Arbeit gewährleisten, dass in den Arbeitsbereichen konkrete Schritte zur praktischen Umsetzung der Ideen vorbereitet und auf den Weg gebracht werden.

Die jeweiligen Arbeitsgruppen verabreden zum Ende des Seminars einen Termin für ein erstes gemeinsames AG-Treffens, damit nicht unnötig Zeit für die Terminsuche per Telefon oder Email verloren geht.

Bei dem Seminar mit der jungen gemeinschaft ergaben sich u.a. Arbeitsgemeinschaften zu den Themen:
- AG „Gestaltung eines Flyers zur Selbstdarstellung der jg"
- AG „Einrichtung eines Jugendtreffs in Hamburg Berne"

- AG „Inhaltliche und praktische Arbeit in Kindergruppen – Einbindung neuer Jugendleiter/innen"

Bei Problemen: Partner-Coaching „Zeitkontingent"

Für den Fall, dass bei der Bestandsaufnahme in der Arbeit mit dem Engagements-Kreis schon sehr deutlich wurde, dass viele Ehrenamtliche über zu wenig Zeit und zu viel Überlastung im Verband klagen, bietet sich ein Partner-Coaching an, um ein zufriedenstellendes Handeln im Verband zu ermöglichen. Vor dem Hintergrund der Fragen nach den eigenen realen Kapazitäten und den Wünschen an die Arbeit im Verband wird versucht, mit der Hilfe von anderen TN einen Tätigkeitskatalog zu entwickeln (vgl. Reichel, Rabenstein, 2001, Münster „kreativ beraten", die Übung „Problemrückseite ist das Ziel", S.165). Dies funktioniert in vier Schritten:

1. Schritt: Bestandsaufnahme Engagement (siehe 5.2.1. Schritt 3)

Das Ergebnis aus dem 3.Schritt der Bestandsaufnahme zur aktuellen Situation im Verband, der „Engagements-Kreis", wird erneut hervorgeholt und betrachtet. Der / die TN sucht sich das „Kuchenstück" zum Thema Verband heraus und entscheidet, welcher problematische Bereich in der Verbandsarbeit genauer bearbeitet werden soll.

2. Schritt: Formulierung des Problems und des Ziels

Das Problem, das bearbeitet werden soll, wird ebenso wie das angestrebte Ziel möglichst präzise formuliert und auf einen geknickten DinA4-Zettel geschrieben (s. Beispiel).

Problem	Ziel

Diese Phase gilt der Bewusstmachung deiner Tätigkeiten und gegebenenfalls eines Problems innerhalb deines Engagements.

3. Schritt: Partner-Coaching

Die TN finden sich in Dreiergruppen zusammen und stellen sich gegenseitig ihre persönlichen Engagements-Kreise und die formulierte Problemstellung und das jeweilige Ziel innerhalb des Teilbereiches vor. Nachdem jede/r die Gelegenheit genutzt hat, den anderen sein/ihr Problemfeld und das gewünschte Ziel vorzustellen, beginnt die Phase der kreativen Beratung:

Für jede/n zu Beratenden werden per Brainstorming Handlungsmöglichkeiten und Lösungsansätze auf Karteikärtchen formuliert. Diese werden im Anschluss zusammen ausgewertet. In dem Beratungsgespräch sucht sich der/die Betroffene einen favorisierten Lösungsweg aus.

4. Schritt: Tätigkeitskatalog formulieren

Jede/r TN formuliert nun für sich auf der Basis der durch die Berater/innen vorgeschlagenen Handlungsmöglichkeiten und Lösungsansätze einen kleinen, jedoch sehr präzisen Tätigkeitskatalog bzw. die ersten Schritte dafür, wie das angestrebte Ziel mit welchen Maßnahmen konkret erreicht werden soll.

Nr	Tätigk.	Wer	Mit wem	Ab wann	Bis wann

Im Anschluss wird das Ergebnis in der Dreiergruppe besprochen und dahingehend reflektiert, ob die Umsetzung realistisch erscheint.

5. Schritt: Ergebnisse vorstellen

In der Gesamtgruppe werden die Ergebnisse vorgestellt, damit alle Beteiligten auf einem gemeinsamen Stand sind. Alle sind nun aufgrund des Engagements-Kreises und der Tätigkeitskataloge bezüglich der Lösung zeitlicher Probleme darüber informiert, wie sich jede / r eine Arbeit im Verband vorstellen kann und welche Dinge konkret verändert werden sollten. Eine gemeinsame Plattform zur Verteilung der Verantwortlichkeiten und Aufteilung in Arbeitsgruppen ist erarbeitet.

Ende des Seminars / der Leitbildentwicklung

Zum Ende des Seminars bzw. der erfolgreichen Leitbildentwicklung sollte noch einmal allen TN deutlich gemacht werden, was für umfangreiche, greifbare Ergebnisse sich die Gruppe erarbeitet hat:

• ein konkretes Leitbild in Form von Leitsätzen, einer Leitidee und einem Motto
• konkrete Arbeitsbereiche mit dazugehörigen Verantwortlichkeiten
• konkrete Arbeitsaufträge zur Umsetzung in Arbeitsgruppen

Die Gruppe hat eine ganz wichtige Grundlage für die zukünftige Arbeit in dem Verband geleistet, indem sie eine inhaltliche Plattform und Basis für alle Mitglieder und auch zukünftige Zielgruppen erarbeitet hat.
Es ist auf jeden Fall zu betonen, dass dies Ergebnisse sind, auf die die Gruppe stolz sein kann!
Als Auswertung des Prozesses zur Leitbildentwicklung und zur Motivation für die weitere Umsetzung der Ergebnisse in den Arbeitsgruppen bietet sich die Auswertungsmethode „Brief an mich" an:

Auswertung: Brief an mich

In entspannter Atmosphäre und bei angenehmer, aber nicht beruhigender Musik schreiben die TeilnehmerInnen an sich selbst einen Brief. Sie haben dafür ca. 20 Minuten Zeit.
Die TeilnehmerInnen werden gebeten aufzuschreiben, was sie persönlich als Erkenntnis für ihre Gruppenarbeit aus dem Seminar mitnehmen und welche Aufgaben sich für sie ergeben haben. Wenn sie möchten, können sie auch noch ein paar Worte zur persönlichen Befindlichkeit aufschreiben.
Wichtig ist der Hinweis, wann die Briefe verschickt werden:
- Sofort nach dem Seminarende
- In drei Wochen
- Zwei Wochen vor dem Nachtreffen
- …
(Nur einhaltbare Zusagen machen!)
Die Briefe werden von den TeilnehmerInnen fertig adressiert und zugeklebt. Die Briefmarken spendiert der Veranstalter.

Verabredungen treffen

Zum Schluss des Seminars sollten unbedingt von allen einhaltbare Termine zur Ergebnis-kontrolle verabredet werden, da alle sonst Gefahr laufen, all die schönen Vorsätze wieder zu vergessen...!

5.3. Die Ergebniskontrolle

Damit die während der Leitbildentwicklung konkret erarbeiteten Ergebnisse nicht zu leeren Worthülsen und die angestrebten Ziele auch wirklich erreicht werden, ist es notwendig, verschiedene Zeitpunkte zur Ergebniskontrolle zu verabreden.

Nachtreffen

Es bietet sich z.B. an, innerhalb eines kurzen Zeitraums nach einer Leitbildentwicklung ein gemeinsames Nachtreffen zu verabreden, auf dem die Ergebnisse der einzelnen Arbeitsgruppen vorgestellt werden. Acht Wochen könnten ein überschaubarer Zeitraum sein, in dem die ersten Schritte zur Umsetzung der Ergebnisse erarbeitet werden konnten, ein erster Flyer-Entwurf erstellt werden oder der erste inhaltliche Konzeptentwurf vorliegen kann.
Bei diesem Treffen werden ausschließlich folgende Fragen behandelt:

• Welche konkreten Schritte sind in die Wege geleitet worden, um die Ziele der Arbeitsgruppe vor dem Hintergrund des Leitbildes umzusetzen?

• Was sind die konkreten nächsten Schritte?

Das Nachtreffen bietet die Möglichkeit, etwaige Mängel in der Aufgabenstellung der Arbeitsgruppen oder Unklarheiten bezüglich des formulierten Leitbildes aufzudecken, zu beheben bzw. neue Termine zur Problemlösung zu vereinbaren.
Ein weiteres Nachtreffen zur Ergebniskontrolle z.B. ein halbes Jahr später sollte vereinbart werden.

Weiterentwicklung des Leitbildes

Das Leitbild sollte in regelmäßigen Abständen z.B. auf Klausurtagungen, Jahresplanungstreffen etc. erneut zum Thema gemacht werden. Es kann Richtschnur dafür sein, ob durch die konkreten Angebote des Verbandes das Leitbild wirklich umgesetzt wird oder nicht. Bei einer Beschäftigung mit dem Leitbild in regelmäßigen, größeren Abständen wird deutlich werden, ob das Leitbild gelebt wird oder nicht, ob sich die Angebote und Aktivitäten ändern müssen oder ob sich das Leitbild erneut einer Überprüfung unterziehen muss.

5.4. Ablaufplan einer Leitbildentwicklung

Im Folgenden ist zur Orientierung ein exemplarischer Ablaufplan eines Wochenendseminars zur Leitbildentwicklung dargestellt. Es sind alle im Kapitel 5 dargestellten Methoden in diesem Ablaufplan mit eingebaut. Die Zeitwerte sind lediglich Richtwerte, die aus der praktischen Erfahrung abgeleitet wurden und selbstverständlich variabel sind. Aus dem Wochenendseminar lässt sich auch ohne Probleme ein Wochenseminar machen.

Die Idee der Aufteilung dieser Ablaufpläne stammt aus der Fortbildungsreihe „Samstagswerkstatt / Modul ist cool", einem Kooperationsprojekt außerschulischer Bildungsarbeit der Arbeitsgemeinschaft freier Jugendverbände (AGfJ) und der Sozialistischen Jugend Deutschlands (SJD) – Die Falken, welches seit dem Sommer 2000 besteht. In den Readern dieser Veranstaltung werden die Ablaufpläne „Timetable" genannt.

Ablaufplan Freitag

	Inhalt	*Methode*	*Material*	*Verantw.*
18.00 – 19.00 Uhr	Ankunft, Abendessen, Ein-richten			
19.00 – 19.15 Uhr	Begrüßung, Einführung ins Thema, Seminarablauf vorstellen			
19.15 – 19.20 Uhr	Warm-Up			XY
	Bestandsaufnahme Verband:			
19.20 – 19.50 Uhr	1. Schritt: Erwartungen und Befürchtungen	Kärtchen mit positiven und negativen Aspekten beschriften	Moderationskof-fer, Metaplan und Kärtchen, Stifte	XY
19.55 – 20.40 Uhr	2. Schritt: Was ist typisch für meinen Verband?	Subjektive Äußerungen auf Karten schreiben, vorstellen und an Emotionszwiebel-Wand heften	Metaplan und Kärtchen, Stifte	XY
20.45 – 21.45 Uhr	3. Schritt: Wie viel kann ich überhaupt geben? · Ehrenamtliches Engage-ment im Jugendverband · Bewusstmachung	Engagements-Kreis, Gegenseitiges Vorstellen in Paaren oder als Ausstellung	viele Eddinge, große Papiere, kopierte Vorlagen	XY
21.45 – 22.00 Uhr	Abschluss-Blitzlicht			XY

Ablaufplan Samstag

	Inhalt	Methode	Material	Verantw.
09.30 – 09.45 Uhr	Warm–Up			XY
	Formulierung des Leitbildes:			
09.45 – 10.00 Uhr	1. Schritt: Was ist ein Leitbild	Input		XY
10.00 – 11.00 Uhr	2. Schritt: Wir wollen, dass unser Verband...	Brainstorming „Wünsche & Erwartungen an den Verband" in Kleingruppen, anschl. Clustern im Plenum	Karten, Metaplan, Stifte	XY
11.00 – 11.30 Uhr	Pause			
11.30 – 13.00 Uhr	3. Schritt: Leitsatzentwürfe zu jedem Cluster	Formulierung von Leitsätzen zu jedem Cluster in Einzelarbeit, anschließend Vorstellen in der Gruppe	Karten, Metaplan, Stifte	XY
13.00 – 15.00 Uhr	Mittagessen + Pause			
15.00 – 15.15 Uhr	Warm–Up			XY
15.15 – 16.45 Uhr	4. Schritt: Einigung auf Leitsätze	Ausführliche Diskussion und Einigung auf verbindliche Leitsätze	Karten, Metaplan, Stifte	XY
16.45 – 17.00 Uhr	Pause			
17.00 – 18.00 Uhr	5. Schritt: Einigung auf Leitidee und Motto	Ausführliche Diskussion und Einigung auf verbindliche Leitsätze	Karten, Metaplan, Stifte	XY
18.00 – 20.00 Uhr	Abendbrot + Pause			
	Partner-Coaching			
20.00 – 21.45 Uhr	1. Schritt: Bestandsaufnahme Engagement 2. Schritt: Formulierung Problem und Ziel 3. Schritt: Partner-Coaching 4. Schritt: Tätigkeitskatalog formulieren 5. Schritt: Ergebnisse vorstellen	Anhand der Engagements-Kreise ein Beispiel auswählen, Problem und Ziel formulieren, mit Partnern in Kleingruppen austauschen und Lösungsansätze entwickeln	Karten, Metaplan, Stifte	XY
21.45 – 22.00 Uhr	Abschluss–Blitzlicht			XY

Ablaufplan Sonntag

	Inhalt	Methode	Material	Verantw.
09.30 – 09.45 Uhr	Warm-Up			XY
	Umsetzung des Leitbildes			
09.45 – 11.00 Uhr	1. Schritt: Brainstorming „Anwendung der Leitsätze auf unterschiedliche Bereiche des Verbandes" • Was bedeuten die Leitsätze konkret für unsere Arbeit? • Was bedeutet das für Kinder/Jugendliche/und im Verband Zusammentragen der Tätigkeitsfelder und neuer Arbeitsbereiche	„Was für Tätigkeiten, Aufgabenstellungen und Arbeitsbereiche ergeben sich aus den Leitsätzen konkret für die Arbeit... – mit Kindern – mit Jugendlichen – im Verband allgemein (Vorstand etc.) – ..." Einzelarbeit, Diskussion und Clustern im Plenum	Moderationskoffer, Karten, Metaplan, Stifte	XY
11.00 – 11.15 Uhr	Pause			
11.15 – 12.00 Uhr	2. Schritt: Wer ist für was verantwortlich? – Zufriedenstellendes Handeln im Verband vor dem Hintergrund persönlicher Zeitkapazitäten (Engagements-Kreises / Partner. Coaching) ermöglichen	Einzelarbeit, anschließend Diskussion im Plenum: – Verantwortlichkeiten zuordnen – Arbeitsgruppen bilden – Termine vereinbaren	Karten, Metaplan, Stifte, Kalender	XY
12.00 – 12.45 Uhr	Seminar-Auswertung	Übung: Brief an mich selbst?	Umschläge, Blanko-Zettel, Kugelschreiber, angenehme Musik	XY
12.45 – 13.00 Uhr	Abschluss-Blitzlicht			XY
ab 13.00 Uhr	Mittagspause, anschließend Aufräumen			
15.00 Uhr	Abreise			

87

Auf Matrosinnen und Matrosen!
Schlussbetrachtung

6. Auf Matrosinnen und Matrosen!
– Schlussbetrachtung

Was lässt sich nun zum Abschluss dieser Broschüre resümieren?
Jeder Jugendverband hat seine eigene unverwechselbare Verbandskultur. Sie spiegelt sich wieder in allen Bereichen des Verbandes, in den Freizeiten, Fahrten, Gruppenstunden und Publikationen. Sie ist zu spüren, wenn die Aktiven ins Erzählen kommen, wenn Anekdoten zum Besten gegeben werden und wenn die Fotos der letzten Aktion rumgehen. Neben dieser Verbandskultur gibt es oft in Satzungen fest geschriebene Ziele des jeweiligen Verbandes. Auch die von Generation zu Generation weitergegebenen Werte und Ideale machen den jeweiligen Verband zu etwas ganz Besonderem und Einzigartigem.

Kurz: es gibt ein riesiges, unverwechselbares, einzigartiges Potential in jedem Verband. Diese Broschüre soll Mut machen, dieses Potential als wichtiges Qualitätsmerkmal und besondere Stärke der Jugendverbände herauszuarbeiten, es offensiv zu vertreten und zu nutzen:

- für mehr Identifikation mit dem eigenen Verband,
- für mehr Motivation der Ehrenamtlichen,
- für mehr Partizipation,
- für zielgerichtetes Arbeiten im Verband
- für ein ganzheitliches Profil

- für eine bessere Außendarstellung,
- für einen stärkeren Wiedererkennungswert in einer Fülle von Freizeitangeboten,
- für eine bessere Mitgliederwerbung,
- für mehr Spaß!

Die gemeinsame Entwicklung eines Leitbildes kann auf diesem Weg helfen, indem es die schon vorhandenen Stärken in den Jugendverbänden bündelt und in einem gemeinsamen Prozess einem möglichst großen Teil der Ehrenamtlichen bewusst macht. Sie hat Auswirkungen auf das Verhalten im Verband sowie die Kommunikation nach innen und nach außen und verbessert das Erscheinungsbild.
Die Leitbildentwicklung kann großen Spaß machen und einen starken Motivationsschub aulsösen.
Es lohnt sich immer, sich mit den eigenen Stärken gezielt auseinanderzusetzen und diese gezielt zu nutzen.

In diesem Sinne – auf Matrosinnen und Matrosen!

Kleiner Kompass!

Anhang

7.Kleiner Kompass! - Anhang

7.1. Begriffsbestimmungen

Benchmarking

Es bezeichnet den Versuch, Produkte in sog. Vergleichsringen (gemeint sind mehrere nach Größe und Struktur vergleichbare Einrichtungen) zu vergleichen und die Unterschiede zu analysieren. Die Übertragung dieses betriebswirtschaftlich sicher sinnvollen Konzeptes auf die Jugendarbeit scheint angesichts der Tatsache, dass hier mit Individuen gearbeitet wird, die alle unterschiedliche Biografien und Hintergründe mitbringen, mehr als fraglich. (vgl. Landesjugendring Baden-Württemberg, 2000, S.29)

Budgetierung

Mit Budgetierung wird eine grundlegende Veränderung des Haushaltsrechts bezeichnet, bei der die finanziellen Mittel direkt von den einzelnen Abteilungen der Verwaltung verwaltet werden und die Höhe des Budgets entsprechend der geplanten Arbeit im nächsten Jahr festgelegt wird. Die Mittel, die zur Verfügung stehen, sind sehr viel stärker vom Output abhängig. Ziel der Budgetierung ist ein möglichst sparsamer und sinnvoller Einsatz von Haushaltsmitteln. KritikerInnen bezeichnen die Budgetierung auch als ein Instrument, welches zu versteckten Haushaltskürzungen führt. (vgl. ebd. S.29f)

Controlling

Controlling ist eine Form der Lenkung und Steuerung von Prozessen durch Leitungsgremien. Der Leitgedanke beim Controlling ist, die für die Umsetzung der Arbeit Verantwortlichen zu befähigen, im Hinblick auf die vereinbarten Ziele selbststeuernd tätig zu werden. Controlling wird als zukunftsorientiertes Planungsinstrument verstanden. Obwohl es eher betriebswirtschaftlich ausgerichtet ist, gibt es inzwischen auch Versuche, Controlling-Konzepte für die Jugendverbandsarbeit nutzbar zu machen. (vgl. ebd., S.30)

Qualität

Mit dem Begriff der Qualität wird die Gesamtheit von Eigenschaften und Merkmalen eines Produktes oder einer Tätigkeit (Seminar- und Bildungsangebote, Freizeiten, Gruppenangebote im Jugendverband etc.) beschrieben, die sich auf deren Eignung zur Erfüllung gegebener Erfordernisse bezieht. Der Qualitätsbegriff beinhaltet eine deutliche Orientierung auf den Adressaten / Kunden, d.h. wie wird das Angebot von den Teilnehmenden wahrgenommen. (vgl. BMFSFJ, QS4, 1996, S.16)

Qualitätssicherung (QS)

Im Rahmen der QS werden die Wirkungen der geleisteten Arbeit systematisch analysiert. Qualitätssicherung ist ein Begriff aus dem Bereich der Qualitätsmanagement-Systeme und bezeichnet das gesamte System der Entwicklung und Verbesserung sämtlicher qualitätsstiftenden Leistungsprozesse einer Organisation. Im Zusammenhang mit der Arbeit in Jugendverbänden halten wir den Begriff der Qualitätsentwicklung für sinnvoller, da er mehr das Dynamische und Prozesshafte betont. (vgl. ebd. S.33)

Qualitätsentwicklung

Die Qualitätsentwicklung umfasst alle Aktivitäten und Anstrengungen, die der kontinuierlichen Weiterentwicklung der vorhandenen Qualität im Jugendverband dienlich sind oder sein können. Als Leitfaden der Qualitätsentwicklung schlägt T. Castens im „Q – Handbuch zur Qualitätsentwicklung in der Jugendverbandsarbeit" eine Fragestruktur vor, die darauf abzielt, die erforderlichen Rahmenbedingungen zu benennen, die eine kontinuierliche Qualitätsentwicklung ermöglichen:

1) Worum geht es eigentlich? (Ausgangssituation, Problemdefinition)
2) Wer will was? (Bedarfe verschiedener NutzerInnen benennen, Zielgruppe der QE definieren)
3) Was wollen wir erreichen? (Ziele bilden und konkretisieren)
4) Wie wollen wir unsere Ziele erreichen? (Umsetzungsvorschläge, Methoden unter Berücksichtigung der inhaltlichen Qualitätskriterien)
5) Woran messen wir unser Ergebnis? (Wirkungsmessung, Qualitätskriterien, Indikatoren)
6) Wie geben wir unsere Erfahrungen weiter? (Auswertung, Dokumentation)
7) Was brauchen wir für längerfristige Verbesserung? (Ressourcen, Strukturqualität)

   (vgl. Castens, T. in Q-Handbuch; 2002, S.9)

Qualitätsstandards

Qualitätsstandards legen fest, wodurch Qualität im Sinne der Erfüllung von Erwartungen und Anforderungen an eine Leistung zum Ausdruck kommt. Wichtig ist, dass die Qualitätsstandards keine vorgeschriebenen Größen sind, sondern stets selbst im Kontext von konkreten Verbands-, Team- und Prozesserfahrungen neu definiert werden. Für die Beschreibung von Qualitätsstandards verbandlicher Jugendarbeit hat der LJR Berlin die Ausdifferenzierung in Qualitätsmerkmale, Qualitätskriterien und damit verbundene Anforderungen gewählt. (vgl. LJR Berlin, 2002, S.1)

Qualitätsmerkmale

Fünf Qualitätsmerkmale verbandlicher Jugendarbeit können bei der Beschreibung der Standards helfen:

1. Nachhaltigkeit

93

2. Mitbestimmung und Partizipation
3. Selbstbestimmung
4. Ehrenamt
5. Parteilichkeit und Werteorientierung
(vgl. ebd., S.1f))

Qualitätskriterien

Die Qualitätskriterien konkretisieren, wie sich die Qualitätsmerkmale in der Praxis realisieren können und beschreiben entweder die Orientierungsqualität eines Jugendverbandes, die Strukturqualität eines Jugendverbandes, die Qualität stattfindender Prozesse, die Ergebnisqualität oder eine Kombination dieser drei nicht immer voneinander zu trennenden Qualitätsdimensionen. (vgl. ebd. S.2)

Qualitätsdimensionen

Die Komplexität des Qualitätsbegriffs wird durch die verschiedenen Ebenen und Beziehungsgeflechte ihrer Definitionsversuche deutlich. In der aktuellen Q-Diskussion werden mehrere Qualitätsdimensionen beschrieben:

1. Orientierungsqualität: hiermit sind Visionen, Werte, Profile, Leitbilder und definierte Ziele eines Verbandes gemeint
2. Prozessqualität: sie bezieht sich darauf, wie ein bestimmtes Ziel erreicht wurde. Dabei stehen die Interaktion, der Verlauf, die Methodenanalyse und die Zielorientierung im Vordergrund.
3. Ergebnisqualität: sie bezieht sich auf die Wirkungen und die Zielgraderreichung. Sie legt dar, was erreicht wurde, bemisst Erfolg und Misserfolg und stellt Fragen nach der Wirkung eingesetzter Methoden oder Mittel, dem Erreichen gewünschter Veränderungen, aber auch nach der Akzeptanz der Angebote durch die Zielgruppe.
4. Strukturqualität: sie stellt die materiellen, personellen,, räumlichen und finanziellen Rahmenbedingungen dar. Welche Rahmenbedingungen und Ressourcen sind erforderlich, um die beabsichtigten Ziele und Prozesse auch gut umsetzen zu können?

(vgl. Middendorf, Werner in: Q-Handbuch, 2002, S.21f; BAGLJÄ, 2001, S. 3f und von Spiegel, Hlitrud, 1999)

7.2. Literaturliste:

Bund der deutschen Landjugend (BDL):
„Organisationsentwicklung – Erkennen, bewegen, verändern"
Bonn, 2000

Bundesministerium für Familie, Senioren, Frauen und Jugend (BMFSF) (Hg):
QS 3: Qualitätsentwicklung und Qualitätssicherung in der Jugendverbandsarbeit. Bedarf und Anforderungen an Konzepte des Controlling und der Selbstevaluation
Bonn, 1999

Bundesministerium für Familie, Senioren, Frauen und Jugend (BMFSF) (Hg):
QS 4: Qualitätsmanagement in der Jugendverbandsarbeit
Bonn, 1996

Bundesministerium für Familie, Senioren, Frauen und Jugend (BMFSF) (Hg):
QS 23: Qualitätsprofile verbandlicher Jugendarbeit
Bonn, 1999

Deutscher Bundesjugendring (DBJR):
„Zwischen Erlebnis und Partizipation" – Jugendverbände in der Bindestrichgesellschaft" – Grundsatzpapier zur Jugendverbands- und Jugendringarbeit

Fachausschuß 2 der Bundesarbeitsgemeinschaft der Landesjugendämter (BAGLJÄ):
„Qualitätsentwicklung in der Jugendarbeit. Ein Beitrag zur aktuellen Fachdiskussion."
Köln, 2001

Herbst, Dieter:
„Das professionelle 1x1 - Corporate Identity"
Cornelsen Verlag: Berlin, 1998

Landesjugendring Baden-Württemberg e. V.:
Wohin steuern? Eine Orientierungshilfe in der Diskussion um „Neue Steuerungsmodelle"
Stuttgart, 2000

Landesjugendring Berlin:
„Qualitätsstandards verbandlicher Jugendarbeit"
Berlin, 2002

Landesjugendring Niedersachsen e. V. (Hg.):
„Q - Handbuch zur Qualitätsentwicklung in der Jugendverbandsarbeit"
Hannover 2002

Lexikonredaktion des Bibliographischen Institut Mannheim / Wien / Zürich:
„Meyers Großes Taschenlexikon", Bd. 13, Meyers Lexikonverlag:
Mannheim, 1983

95

Merchel, Joachim:
Jugendarbeit unter Legitimationsdruck.
Qualitätsdiskussion als Chance oder Risiko?
in Jugend Politik, Nr. 2, 1999, S.8-12

Rabenstein, R. / Reichel, R. / Thanhoffer, M.:
„Das Methodenset – 5 Bücher für Referenten und Seminarleiterinnen", Bd. 4 Reflektieren,
Ökotopia Verlag:
Münster, 2001

Reichel, R. / Rabenstein, R.:
„Kreativ beraten – Methoden, Modelle, Strategien für Beratung, Coaching und Supervision"
Ökotopia Verlag: Münster 2001

Spiegel, Hiltrud von:
„Selbstevaluation – Qualitätsentwicklung und Qualitätssicherung von unten"; in Merchel, J. (Hg.): Qualität in der Jugendilfe
Münster 1999, S.351-373.
QS 3: Qualitätsentwicklung und Qualitätssicherung in der Jugendverbandsarbeit, hrsg. BMFSFJ
Bonn, 1996

7.3. Der Autor

Jan Jetter

Jahrgang 1968, Dipl.-Sozialpädagoge
Wohnhaft in Hamburg

Seit 2000 Bildungsreferent der Arbeitsgemeinschaft freier Jugendverbände in Hamburg e.V. (AGfJ).
Inhaltliche Schwerpunkte: Fort- und Weiterbildungen für JULEICA-InhaberInnen, antirassistische und umweltpädagogische Bildungsarbeit, Projektarbeit, Leitbildentwicklung u.v.m.
Langjährige Erfahrungen in verschiedenen Bereichen der offenen Jugendarbeit.
Freiberufliche Seminar- und Projektarbeit im Bereich Sexualpädagogik.

Kontakt: Jan Jetter
c/o AGfJ
Alfred-Wegener-Weg 3
20459 Hamburg
fon: 040 - 788 97 630
fax: 040 - 788 97 631
zellen@foni.net
jan.jetter@agfj.de